言葉と コミュニケーション

Introduction to the Psychology of
Language and Communication

心理学を日常に活かす

邑本俊亮 [著]

MURAMOTO Toshiaki

朝倉書店

は じ め に

あなたは，友人の何気ない一言に傷ついたことはないだろうか
何気ない一言にとても勇気づけられたことはないだろうか
言葉はとても不思議だ
同じ言葉でも話す人や場面によって伝わる内容が違うことがある
言葉では伝わらない思いがある
言葉で誤解が生じることもある
それでも私たちは他者とコミュニケーションを図り
人間関係を築いて生きている

　私たちはふだん，あたりまえのように相手が発した情報を理解し，あたりまえのように自分の考えを表現して相手とコミュニケーションを行っている．だが，その背景には私たち人間のきわめて優れた心の働きがある．また，コミュニケーションはどんな場面でもうまくゆくとは限らない．その成否はさまざまな要因に左右される．その要因の1つが，送り手の表現力である．自分が伝えたいことを正確にかつ効果的に他者に伝える能力．本書が，そのような能力を向上させるためのヒントになれば幸いである．

　本書は，人間の言葉とコミュニケーションについて，心理学の立場から解説する入門書である．言葉とコミュニケーションは，心理学の中でも，認知心理学や社会心理学をはじめとして，さまざまな領域にかかわる研究テーマであるが，本書ではそうした領域をまたいで，初学者向けにわかりやすく解説している．内容面では，心理学の研究で明らかになった事実だけでなく，文章の書き方や対話のコツ，プレゼン用スライド作成時の留意事項など，より実践的な内容も含まれており，コミュニケーションの基礎から応用までを幅広く扱ったものとなっている．語り口調で，多くの具体例を盛り込み，ところどころで読者の皆さんに向けてメッセージを送っている．テキストとしては一風変わった印象を受けるかもしれない．

　私は，言語とコミュニケーションについて研究している心理学者である．心理実験や調査による基礎研究を行い，得られた成果を教育や防災などさまざまな領域における実践に応用することを目指している．その一方で，心理学のコミュニケーターでもある．大学生のみならず，小・中・高校生や一般の方に向けても心理学の授業や講演を行ってきた（モットーは，面白く，わかりやすく，役に立つ講義である）．そして，本書もその活動の一環といえる．

　本書の内容は，東北大学で私が学生たちに講義しているものである．全学教育において担当してきた授業科目「言語表現の世界」の内容を中心として，さらに「心理学」の一部を組みこんだものになっている．いずれの授業も学生に好評を博しており，「言語表現の世界」では 2006 年に東北大学総長教育賞をいただくことができた．2022 年度の全学教育改革によって，「言語表現の世界」は廃止となり，「心理学」も担当から外れることとなったのだが，それらを本書にて形に残すことができたことは，私にとってこのうえない喜びである．他大学では，現在もなお，本書の内容で非常勤講師をさせていただいている．

　最後になったが，表紙や第 8 章のイラストを作成・提供してくださった石渡陽子さん，ならびに企画から刊行までたいへんお世話になった朝倉書店編集部に心よりお礼を申し上げたい．

　2022 年 9 月

邑 本 俊 亮

目　　　次

第1章 言語コミュニケーション

　私たちは言葉を使ってコミュニケーションを行っている．しかし，言葉は必ずしも万能なツールではない．本章ではまず，言いたいことがうまく伝わらない原因について，さまざまな事例を挙げながら，分類と考察を行う．つぎに，コミュニケーションがどのようなプロセスで成立するのかについてのモデルを提示する．その後，コミュニケーションにおいて重要な役割を果たすコンテクストと受け手の知識について解説する．

● 1.1　ミスコミュニケーションの諸相

1.1.1　送り手の失敗

　コミュニケーションには送り手と受け手が存在する．そのどちらかが失敗することによって，情報がうまく伝わらなかったり，誤解になったりする．まずは送り手側の失敗である言い間違いや書き間違いについて考えよう．

　精神分析学の創始者であるフロイトは，言い間違いは抑圧された願望の表れであると論じた．たとえば，乗り気ではない会合を開会する際に司会者が「ただいまから閉会します」と言ってしまうのがその例である．一方で，賀集（1997）や寺尾（2002）は，心理言語学的な観点から言い間違いの分類を試みている．それらを参考にしながら，どんな言い間違いが起きうるのかタイプ分けしたものを表1.1に示しておこう．

　私たちが発話する際には，頭の中で発声の準備をし，その後構音する．準備段階では，連続する複数の言葉の構音準備が行われ，場合によっては連想関係にある単語の音韻情報が自動的に活性化してしまうこともある．こうした構音準備段階で生じたことが相互に影響し合い，言い間違いが生じるものと考えられる．

　書き間違いについても，言い間違いと同様のメカニズムが頭の中で生じていると推測できる．仁平（1990）は，急速反復書字法という手法で，書き間違いを誘発する実験を行っている．たとえば，「類」という文字をできるだけ速く何度も連続して筆記していると，そのうちに「数」という文字を誤って書いて

表1.1　言い間違いの分類

欠落	単語や音素が抜け落ちる	「あなたちは！」と怒る先生（「た」が欠落） はるばる…からお越しになりました（場所が欠落） おたくの赤ちゃん，どしどしお送りください（「の写真」が欠落）
付加	単語や音素が不要な箇所に付け加わる	できる人にはコタツがあるんだと思う（「タ」が付加） お弁当，あたたためますか？（「た」が付加） 草野さんの司会の司会でお送りします（「司会の」が付加）
保続	先行する要素の影響を受けて，後続の要素が同じか近いものに変化する	書類しょうけん（送検）　　　早急にさくほう（釈放） 社長ちゃん（社長さん）　　ケータイってでんわだなあ（便利）
先取り	先行する要素が，後続の要素の影響を受けて，同じか近いものに変化する	さっしょく紹介しましょう（早速）　　　ちゅうさんしょう（通産省） 空ひとつない青空（雲が空に変化）
交換	2つの要素が入れ替わる	ざっくらばん（ざっくばらん）　　　ざっかんのじゃいこ（若干の在庫） ごまん，すめん（ごめん，すまん）　水の苦労が泡（苦労が水の泡） 今日からと言わず明日から（明日からと言わず今日から）
代用	類似したまたは関連性のある異なる要素に置き換わる	Aはまだ出所しておりません（出社）　　　お風呂に出てます（お昼） 焼き加減はムニエルで（ミディアム） あいかわらず電話中です（あいにく） わたしはそんなツボじゃない（器）　　あ，かさ降ってきた（雨）
混成	連想関係にある2つの要素が混ざり合う	だぶない！（「大丈夫？」と「危ない！」） わか，こまりました（「わかりました」と「かしこまりました」） てんどうと呼ばれていました（「天才」と「神童」）

＊事例は，糸井（2004），ほぼ日刊イトイ新聞（2006），寺尾（2002），賀集（1997）より．

しまう．仁平はこの原因について，「類」を書くための運動記憶がそれと結びついた「数」の運動記憶をも活性化させてしまい，それが抑制されずに実際の動作のトリガーとなってしまうことで，書き間違いが生ずると説明している．

　私の身近でよく起こる書き間違いを紹介しよう．私の名前「邑本」は「邑村」と書き間違えられることがある．これまでに何度も経験した．これは，「邑」という字を書こうとする際，書き手の頭の中に「村」の運動記憶が活性化されてしまうのであろう．それが十分に抑制されないまま，その後の「本」の書字が始まると，その運動は「村」の木偏と同じであるため，「本」が「村」にのっとられてしまうものと思われる．

　さて，言い間違いや書き間違いは，友人同士の会話やメールのやり取りでは，間違いにすぐ気がつき，結局は笑い話で終わるものである．しかし，世の

中には笑い話では済まされない言い間違いもある.

1984 年大晦日の紅白歌合戦で司会者の言い間違いがあった. 1 人の大物演歌歌手がその紅白歌合戦をもって引退するときの出来事である. その演歌歌手は都はるみさん. 彼女が大トリを務め, 最後のアンコール曲「好きになった人」を歌い終えたとき, 司会者（NHK のアナウンサー）が歌手名を言おうとして口から出た言葉は, なんと「みそら……」だった. 知っている人も多いと思うが,「美空ひばり」という歌手もいたのである. 同じ演歌の大御所であり, 確かに名前は似ている.「み」から始まる 6 文字で, 姓名とも 3 文字ずつ. しかし, 本人の引退の花道で, 別の人の名前を言ってしまうとはなんということであろうか. 番組終了後, その言い間違いは社会的に物議を醸すことになる. 言い間違いをしたアナウンサーは NHK に進退伺を書いていたともいわれている（寺尾, 2002）. 進退伺は実際に受理されなかったのであるが, 1 つの言い間違いで自分の職を失うことになるかもしれないほどの大事であった.

1.1.2 受け手の失敗

受け手が失敗をすることもある. 聞き間違いや読み間違いである.「カーテン開けてきて」と言われたのを「母さん呼んできて」と聞き間違えて母を呼びに行ったり, コンビニ店員が外国人に「チェンジしてください」と言われたのに「チンしてください」と聞こえて電子レンジで温めてほしいのかと思ったり（いずれも学生が経験した事例）と, 音韻が類似した言葉に聞き間違えることが多い. 電話や騒音の多い環境での会話では, 聞き間違いがさらに生じやすくなる. また, 読み間違いに関しては, 手書きで文字が読みづらい場合に起きる可能性が高い.

前項で送り手の失敗が笑い話で済まなかった例を挙げたが, 受け手の失敗についてもそのような事例がある. 2008 年 2 月 16 日, 新千歳空港で重大インシデントが発生した. 空港に着陸した航空機がまだ滑走路にいるにもかかわらず, 別の航空機が同じ滑走路に侵入し, 離陸滑走を開始した. 管制官の指示ですぐに滑走を中止したため, 衝突には至らず, 両機の乗客乗員（あわせて約500 人）は無事だった. 原因は, 管制官が出した「expect immediate take-off（即時の離陸を準備せよ）」という指示を, 機長が「expect」を聞き逃し,「immediate take-off（迅速な離陸）」の指示があったものだと勘違いしたことによるものといわれている.

　人間は間違える生き物である. 言い間違いにしろ, 聞き間違いにしろ, そうした失敗が起きるのは避けられない. しかし, ここぞというときにできるだけ間違いが起きないように, 心の準備や注意の集中が必要である.

1.1.3　送り手と受け手の知識のギャップ

　送り手と受け手がいずれも失敗をしていないのに誤解が生ずることがある. その原因の 1 つが両者の知識のギャップである. 言葉は, 送り手の知識のもとに言語化され, それが受け手に届いたとき, 受け手の知識のもとで解釈される. したがって, 送り手と受け手とで知識が異なっていた場合には, 異なる意味に解釈されてしまうことになる. 以下に示す事例は, ある学生が実際に経験した誤解であるが, 知識のギャップがその原因となっている.

◎ 1-1
　そば屋でバイトしていたとき, お客さんが「鍋焼き 1 つ」と言ったので,「鍋焼きうどん」を持っていったら,「鍋焼きそばを注文したんだよ」と言われた. 私は,「鍋焼き」と言えば「鍋焼きうどん」しかないものだと信じ込んでいた.

　「鍋焼き」という言葉の解釈がお客さんとバイト学生とで異なっていたわけである. 私も「鍋焼き」と言われれば「鍋焼きうどん」を連想する人間だが, 世の中には「鍋焼きそば」という一品があるようで（少なくともそのお店にはあった）, お客さんにとっては「鍋焼き＝鍋焼きそば」という知識状態だったのである. もっともバイト学生の接客準備不足ともいえる. メニューの中に「鍋焼きそば」があることに気づいていれば, お客さんに「鍋焼き」と言われたときに, うどんとそばのどちらなのかを確認できたであろう.

　以下では, 知識ギャップにはどのような種類があるのかを見ていこう.

　①世代間ギャップ　世代が違うと話が通じないことがある. 若者であるあなたが年上のおじさんと話をする際に,「この話は理解してもらえるだろうか」と思うのは, あなたが世代間ギャップを認識していることを示している. 一方で, おじさん世代も同様の認識をもっているのも事実である.

　言葉の知識についても世代間ギャップがある. いわゆる若者言葉の多くは,

世代が上の人間にとっては「知らない言葉」である．また，たとえ知っている言葉であっても世代間で使用範囲が異なっていることがある．あなたは「やばい」という言葉をどのような状況で使用するであろうか．私は「良くない」「困った」「危うい」のようなネガティブな意味でしか使用しないが，若い人は「とても良い」「おいしい」「かわいい」のような，ポジティブな意味でも使用する．概して，程度が甚だしく，自分の気持ちが高ぶっているときに発する言葉になっているようである．

②**異文化間ギャップ** 文化圏の異なる者同士は知識に違いがある．それぞれの文化圏での常識が異なっているからである．日本では贈り物を手渡すときに「つまらないものですが」と言うことがあるが，外国人にとっては不思議な言葉であろう．つまらないものはもらいたくない．「すみません」もそうである．「すみません」は謝罪の言葉であるが，日本人は謝らなくてもよいときにもこの言葉を使う．ちょっと前を通るだけのときにも，人を呼ぶときにも，贈り物をもらったときにも，「すみません」である．電話で会話しながら，やたらと「すみません」と言っている人もいる．日本に来たばかりの外国人は「すみません」があまりに広く使われることに驚くようである．

日本の中でも地域によって文化が異なる．県民性の違いを紹介するテレビ番組があるほどである．したがって，そうした地域差によって話が通じないこともあるだろう．地域特有の言い方や方言の存在も，地域間コミュニケーションをさらに難しくしている．見方を変えれば，そのような言葉によって地域内のコミュニケーションがうまく成り立っているともいえる．この点については4.1.2項でも言及する．

③**個々人の知識ギャップ** 同じ世代で，同じ文化圏に住む人同士であっても，個々人の知識ギャップによってミスコミュニケーションが生じうる．ひとりひとりの過去経験が異なっているためである．まったく同じ人生経験を有する人はいない．したがって，知識もひとりひとり異なるのである．女性が男性から「君のこと愛しているよ」と言われたとしよう．あなたが女性だとしたらこの言葉を聞いてどう思うだろうか．「うれしい」と思う人もいるだろう．しかし，過去にこの言葉を信じてだまされた経験をしている女性ならば，これを文字通りには受け取らないであろう．私たちはお互いの知識ギャップがある可

能性を認識したうえで，コミュニケーションを行う必要がある．

1.1.4　言語の限界

　言語は決して万能なツールではない．言いたいことが言葉にならないという経験をしたことは誰にでもあるだろう．

　どのような内容が言葉になりにくいだろうか．たとえば，感動経験である．感動したときの気持ちは言葉になりにくい．あなたが，旅行先で素晴らしい風景に感動したとしよう．そのときの気持ちを言葉にできるだろうか．旅行から帰って友人にそのときの状況や心情を一生懸命に話してもうまく伝わらず，友人は「ふうーん，そうなんだ」くらいしか反応してくれないだろう．

　また，絵や写真も言葉になりにくいものの1つである．1枚の絵を相手に見せずに言葉だけで伝えるためには，絵の左上から何センチ何ミリのところに何色の何があるかを，逐一詳細に述べていかなければならない．それでも正確に伝えることはできないだろう．絵を伝えるならば，それを直接見せたほうが早い．百聞は一見にしかず，である．

　技能もまた，言葉で伝えにくいものの1つである．あなたは食事をするときに箸を使うが，では，箸の使い方を言葉だけで説明できるだろうか．説明しようとすると，それはかなり難しいことがわかる．世の中には職人技とよばれる技能をもっている人もいるが，職人技を言葉で伝えることはほぼ不可能であろう．職人技を会得するには，職人に弟子入りし，自分で見て，まねて，何度も訓練して体で覚えるしかない．言語には限界がある．

1.1.5　言語の多義性

　言語には多義性がある．すなわち，1つの言葉で複数の意味をもつものが数多く存在する．「こい」という言葉にはどのような意味があるか考えてほしい．「鯉」，「恋」，「濃い」，「来い」などが思い浮かぶ．少々気がつきにくいが「故意」もある．

　「彼の絵」というフレーズを考えてみよう．このフレーズには3つの意味が存在する．「彼が描いた絵」，「彼が描かれている絵」，そして「彼が所有している絵」である．どれも「彼の絵」なのである．

子どもの頃，「のろいのはかば」のような表現で楽しんだことがある人もいるだろう．この表現には2つの意味がある．「呪いの墓場」と「のろいのはカバ」である．日本語は，その表現をどこで区切るかで意味が変わることがある．

普通の文であっても多義性を有するものがある．たとえば「太郎は次郎と三郎を励ました」という文であるが，励ましたのは誰で励まされたのは誰であろうか．太郎が，次郎と三郎の2人を励ましたのかもしれないし，太郎が次郎と2人で，三郎1人を励ましたのかもしれない．

以下に，ある学生が経験した面白い誤解の事例を示そう．いずれも言語の多義性が原因で誤解が生じている．

◎ 1-2

　ある美容室で髪をカットしてもらっていたとき，美容師さんが「肩につくとハネるから少し長めに切るね」と言ったので，私は出来上がりが思ってたよりも長くなるんだと思って「ハイ」と言ってしまった．気づいたときはもう遅かった．

◎ 1-3

　修学旅行で，お寺をバックに女の子のグループが写真を撮ろうとしていたとき，近くに同じクラスのA君がいたので，「写真撮りたいんだけど，いい？」と言ったら，A君はいきなり照れはじめて，「いいの，俺で」と言った．

1-2は美容師さんの言葉「少し長めに切るね」に多義性がある．長めに切るとはどういうことだろう．お客である学生のほうは「出来上がりが長くなる」と思ったわけである．確かにそれは長めに切ったことになる．一方，美容師さんは，切る髪の長さに関して「長く切る」と言っている．それも長めに切ったことになる．まったく正反対の意味になってしまうのだ．もっとも美容師さんは「肩につくとハネるから」でわかってほしかったのであろうが，"私"には通じなかったわけである．

1-3はA君の大勘違いである．女の子の言葉「写真撮りたいんだけど，いい」が多義的である．まず，冒頭に省略がある．意図しているのは「私たちの」であろう．つぎに，「いい？」という言葉で「シャッターを押してもらえる？」という意味を代用している．しかし，A君は「あなたと一緒に写真撮りたいんだけど，写ってもらえますか」のように解釈したのであろう．照れはじめるのも無理はないが，誤解と気づいたときには恥ずかしい限りである．

1.1.6　文字通りでない意味の存在

　私たちが発する言葉には，それを文字通りの意味で受け取ってよいものとそうでないものが存在する．文字通りに受け取ってはいけない言葉を文字通りに理解してしまうと誤解が生ずる．以下では，文字通りに受け取ってはいけない言語表現について見ておこう．

　①皮肉・嫌味　あなたが失敗をしたときに上司から「君は頭がいいね」と言われたとしたら，それは皮肉である．決して褒められてはいない．むしろ「できの悪い，困ったやつだ」と言われているのである．発話から裏の意味を読み取る必要がある．

　②お世辞　お世辞も文字通りには受け取れない．お店の人がお客に向かって「奥さん，今日もお綺麗ですね」と言ったとしたら，それはお世辞であるかもしれない．喜ばせて商品を買ってもらう作戦ではないだろうか．

　③間接発話　授業中に隣の友人から「ねえ，消しゴムある？」と言われたとしよう．あなたはどうするだろうか．おそらく消しゴムを貸すであろう．この表現を文字通りに読めば，消しゴムを持っているかどうかを尋ねている．しかし，友人はあなたが消しゴムを所有しているかどうかを知りたいわけではなく，貸してほしいのである．このような，あることを別の表現によって間接的に伝える発話を間接発話とよぶ．旅行者の「駅までどう行ったらよいかわかりますか」も，上司の「この部屋は暑いなあ」も間接発話である．それぞれ「駅への行き方を教えてください」，「この部屋を涼しくせよ」と伝えている．

　④隠喩（メタファー）　比喩の一種で隠喩とよばれる言語表現がある．比喩は「〜は〜のようだ」と言うのが一般的であるが，「のよう」をつけずに「〜は〜だ」と言い切るタイプの比喩表現が隠喩である．「愛は炎だ」や「君の瞳はダイヤモンドだ」が隠喩の例である．これらは文字通りには明らかに間違っている．愛は炎ではないし，君の瞳がダイヤモンドであったら驚きである．しかし，これらの表現によって送り手が何を伝えたいのかは理解できる．

　⑤同語反復　「AはAである」のように同じことを繰り返すだけの表現を同語反復と呼ぶ．文字通りに受け取れば，ごく当たり前のことであり，まったく情報量がないかのように思われる．しかし，送り手がそれによって伝えたい意味は存在する．「ダイヤはダイヤだ」という表現を考えてみよう（ここでいう

ダイヤはダイヤモンドのことである）．送り手は何を伝えたいのであろうか．もし，「小さくてもダイヤはダイヤだ」と言っているのであれば，ダイヤには価値があることを伝えている．しかし，「高価だけどダイヤはダイヤだ．命には代えられない」と言っているのであれば，ダイヤには命ほどの価値はないことを伝えている．同じ同語反復でもそれがどのような文脈のもとに言及されるかによって，そこから引き出される意味は変わってくるのである．

◉ 1.2　コミュニケーションのプロセス

　さて，コミュニケーションはどのようなプロセスで成立するのであろうか．図1.1に，コミュニケーションプロセスのモデルを示す．送り手は伝えたい内容を自分の知識のもとで言語に符号化する．符号化されたメッセージはチャネルを通って受け手に届く．チャネルとは，メッセージが通過する経路という意味である．メッセージが届いたとき，受け手は自分の知識でそれを解読する．そして，この一連のプロセスは，特定のコンテクストの中で生じる．コンテクストは，メッセージをとりまく文脈情報や，そのコミュニケーションがなされている状況のことである（これについては次節で詳しく説明する）．したがって，コンテクストが符号化にも解読にもなんらかの影響を及ぼす．

　前節で述べたミスコミュニケーションが，図中のどこに原因があって生じているのかを確認しておこう．送り手の失敗は符号化ミスである．受け手の失敗は解読ミスである．知識のギャップは二者間の知識が同一でないことによる．伝えたい思いが適切な言語にならずメッセージが不十分であったり（言語の限

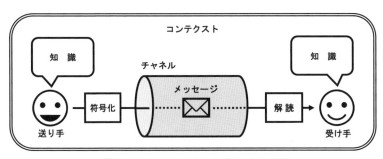

図1.1　コミュニケーションプロセスのモデル

界），メッセージそれ自体に多義性があったりすることもある．そして，ときどきメッセージが文字通りの意味ではなく，当該のコンテクストの中で抽出すべき意味を有している場合もある．

　確かにミスコミュニケーションはときどき生ずるが，日常生活で誤解が頻発しないのはなぜだろうか．それは，受け手がコンテクストを参照し，自身の知識を利用しながら，送り手のメッセージを受け止めているからである．受け手の努力が誤解を最小限に食い止めている．

◉ 1.3　コンテクスト

　コンテクストとは文脈のことであり，当該の情報をとりまく周囲の情報を指す．コミュニケーションが成立している状況もコンテクストである．また，第2章で解説する非言語メッセージ，第4章で解説する会話のルールや参加者の共有知識，さらには話し手と聞き手の人間関係もコンテクストの一部ととらえることができる．以下では，文脈の影響とコミュニケーションの場について確認しておこう．

1.3.1　文脈効果

　図1.2を見てほしい．上の段は「引力，重力，落下」，下の段は「運動会」と読める．しかし，いずれも中央の情報はまったく同じである．それにもかかわらず，引力と落下に挟まれていると「重力」，運と会に挟まれていると「動」と見えてしまう．曖昧な情報がそれを取り巻く情報によって異なるように認知されるのである．これを文脈効果という．

　「空高くたこがあがっています」と「水族館でたこを見ました」には，いず

引力　重力　落下

運　動　会

図1.2　文脈の効果（初出：邑本，2012）

れも「たこ」という単語が含まれているが、それぞれで意味を取り違うことはない。前後にある情報が「たこ」の意味を一意に定めてくれるからである。

　文章や会話においては、それまでの話の流れが文脈として機能する。1.1.5項で多義的な文の例として挙げた「太郎が次郎と三郎を励ました」は、「三郎が試験で悪い点数をとって落ち込んでいる」という文脈のもとでは「太郎と次郎の2人が三郎を励ました」のであろうし、悪い点をとったのが次郎と三郎であれば「太郎が2人を励ました」のであろうと推測できる。

1.3.2　コミュニケーションの場

　コミュニケーションの場はコンテクストの一種である。遠くで手招きをしながら「こい」と叫んでいるのを見れば、それは鯉でも恋でもなく、「来い」と命令しているのだということがわかる。皮肉が皮肉であると理解できるのも、間接発話の意図が理解できるのも、コミュニケーションの場を認識できているためである。

　ある少年が「僕はウナギだ」と言ったとしよう。どういう意味でその発話をしたのか、わかるであろうか。「僕はウナギのようにくねりながら生きている」のように、比喩的に何かを伝えたいのかもしれない。しかし、これが、食堂で以下のように発せられたとしたらどうだろうか。「何、食べる？」「うどんにするよ」「僕はカレーを食べる」「じゃ、僕はウナギだ」。コミュニケーションの場がわかれば、それが注文するものを述べた言葉であることが理解できる。

　コミュニケーションの場が変われば同じ発話が異なる意味になることがありうる。上述の「僕はウナギだ」も、学芸会の役を決めている場面では「僕はウナギの役をやる」という意味になる。「大谷、大爆発！」は、文字通りにはほとんどありえない意味であるが、野球観戦の場面では「今日は大谷選手がヒットやホームランを量産している」であり、小学校でいつもおとなしい大谷君がみんなに責められ激怒した場面であれば、「大谷君が今日はついにキレた」という意味になる。

1.3.3　コンテクストへの依存度

　コンテクストへの依存度について文化差があることが知られている。文化人

類学者のホール（Hall, 1976）は，コンテクストへの依存度の高い文化を高コンテクスト文化，低い文化を低コンテクスト文化とよんだ．日本は高コンテクスト文化であるが，欧米（アメリカ，ドイツ，フランスなど）はどちらかといえば低コンテクスト文化である．このことは，異文化間コミュニケーションを難しくする一因になっている．日本人は会話の際に，主張をストレートに述べずに，関連情報を小出しにして「相手に察してもらう」ことを好む傾向がある．しかし，この会話スタイルは欧米では通じないであろう．

◉　1.4　知識の役割

　1.1.3項では，送り手と受け手の知識のギャップがミスコミュニケーションを引き起こすことを述べた．コミュニケーションにおいて知識は非常に重要な役割を果たしている．以下では，知識についてより詳細にみていこう．

1.4.1　言語知識と世界知識

　言語を理解するために必要な知識は，言語知識と世界知識に大別できる．言語知識とは，使用言語に特有の知識であり，その言語における語彙や文法が該当する．たとえば，日本語を理解するためには日本語の語彙知識や文法知識が必要であるし，英語を理解するためには英語の語彙や文法を知っていなければならない．一方，世界知識とは，使用言語に依存しない，さまざまな事象に関する一般知識のことである．「犬は動物である」「日本の首都は東京である」「雨が降れば地面が濡れる」など，多種多様な知識が世界知識に含まれる．これらは日本語で表現されているが，もちろん他の言語でも表現できる．

1.4.2　スキーマ

　世界知識の中でも，個別事象に柔軟に対応できるように，抽象化され，体制化された知識をスキーマとよぶ．スキーマは，私たちが情報を認知し，理解する際に利用する枠組み的な知識である．

　スキーマはさまざまな事物に対してその存在を仮定することができる．たとえば，私たちは，人間の顔についてのスキーマをもっている．目が2つ，その下に鼻が1つ，さらにその下に口が1つあって，両側にはそれぞれ耳が1つず

つあり，上部には髪が生えていて，全体の輪郭は楕円形に近いといった知識が，顔のスキーマである．顔スキーマは，ある特定人物の顔に関する知識とは異なり，顔というものについての一般的な枠組みを提供する知識である．したがって，その構造の中には特定されていない要素がある．たとえば，目の大きさや鼻の形状などに関して厳密な規定があるわけではない．そして，私たちは人の顔を見たとき，このスキーマを利用して顔を認知する．誰の顔であっても，このスキーマに当てはまる．

職業に関するスキーマもあるだろう．たとえば，私たちは医者に関するスキーマをもっている．医療機関に勤務し，白衣やスクラブスーツを着ていて，医療知識があり，患者を思いやり，患者と会話し，医療行為をする，などである．男性か女性かは決まっていないし，年齢も決まっていない．患者とどのような話をしてどのような医療行為をするかもそのときどきで変わる．

状態や行為や出来事に関するスキーマも存在する．たとえば，私たちは「与える」という行為について知っている．「与える人物」と「受け取る人物」がいて，所有権が移動する「物」が存在する．与え手と受け手が誰で，何が移動するかは，あらかじめ決まっているわけではない．そのときどきで変わる．

さらに，典型的な状況で起こりうる一連の出来事に関してもスキーマを仮定することができる．たとえば，私たちはレストランに行ったとき，どのような出来事がどのような順に起きるか知っている．レストランに入ったら，ウェイターかウェイトレスに案内され，席に着くと，水やメニューが出される．メニューはすでに置いてあるかもしれない．メニューを開いて，食べるものを決め，注文して，しばらく待ち時間があり，料理が運ばれてきて，それを食べて，お勘定を支払い，レストランを出る．おおよそこのような流れである．ただし，客が誰であるか，何を食べるかなどは決まっていない．いくら支払うかも決まっていない．そのときどきで変わりうるからである．このような一連の出来事の流れに関するスキーマは，スクリプトとよばれている（Schank & Abelson, 1977）．

私たちは，レストランスクリプトの他にも，買い物スクリプト，病院での診察スクリプトなど，さまざまなスクリプトをもっているものと考えることができる．スクリプトを使えば，その場で起こるであろう出来事の流れを予測する

ことができる．初めて行ったレストランでもそれほど困惑せずに食事ができるのも，初めて受診する病院で戸惑うことがないのも，私たちがそのような場面のスクリプトをもっているからである．

1.4.3　スキーマの活性化

次の文章を読んでみてほしい．

◎ **1-4**

　そのやり方はとても簡単だ．まず，ものをいくつかのグループに分ける．量が少なければ，ひとまとめでもよい．機械がなければ，どこか別の場所に行かなければならないが，そうでなければ準備はほぼできたといえる．それをはじめてやるときは，何をどんな順にやらなければならないのか，わかりにくいかもしれないが，すぐに慣れるだろう．やるべきことをすべてやった後，しばらく時間がたったら，ものを再びいくつかのグループに分けて整理する．次にそれらは，ある場所にしまわれる．結局，それらは再び使用され，その全体のサイクルがくり返される．とにかく，それは生活の一部なのである．

[Bransford & Johnson, 1973 を一部改変]

　この文章を初めて読んだ人は，何のことについて述べているかわからなかったのではないだろうか．実はこれは「洗濯」について述べた文章なのである．では，そのことがわかったうえでもう一度読み直してみてほしい．確かに洗濯のことを述べていると納得がいくはずである．

　ほとんどの人は洗濯とはどのようなことを行うのか，知っている．つまり洗濯のやり方についてのスキーマをもっている．しかし，文章を読む前にそのスキーマを使える状態にしなければ，文章理解に役立ちはしない．スキーマはもっているだけではダメであり，それを活性化することが重要なのである．

　さて，同じ文章を読むときに，読み手によって活性化するスキーマが異なるとどのようなことが起こるだろうか．つぎの文章を読んでもらいたい．

◎ **1-5 マークシートテスト**

　どれにしよう．なかなか決められない．この並んだ4つが，あまりにも似ている．そして，それぞれに魅力を感じる．第一印象では明らかに一番左だったが，よく見てみるとそれ以外のものにもそれなりのアピールポイントがある．作った人の罠なのではないか．ふとそう感じた．もう時間がない．早く決めないと，ど

れも選べずに終わってしまう．それはあまりにも悲しい．かと言って，すべてを選ぶことは避けたい．何しろ，これまでの努力が無駄になる．よし決めた．やはり第一印象に賭けよう．後で笑顔になれるかどうか，結果はわからない．だが，きっと私は後悔しないだろう． [邑本, 2012]

　マークシートテストの選択肢に迷っている様子が理解できたのではないだろうか．では，今度は，この文章のタイトルを「閉店前のケーキ屋」として，もう一度読んでみてほしい．魅力的なケーキを前に，どれを買おうか迷っている様子の文章として理解できるであろう．タイトルによって活性化されるスキーマの違いで，同じ文章がまったく異なる理解結果になってしまうのである．

　お笑いで「勘違いネタ」とよばれるものがある．二者間で何かしらの言葉が交わされているのであるが，お互いに活性化しているスキーマが異なるため，意図した意味がまったく伝わっておらず，互いに勘違いしたまま話が進行するというネタである．人間同士の言語コミュニケーションの本質をとらえており，それを巧みに利用したネタといえる．言語コミュニケーションは単なる言葉の伝達ではない．コミュニケーションにかかわる人間同士の知識がきわめて重要な役割を果たしているのである．

文　献

Bransford, J. D., & Johnson, M. K. (1973) Considerations of some problems of comprehension, In W. G. Chase (Ed.), *Visual Information Processing* (pp. 383-438), New York: Academic Press

Hall, E., T. (1976) *Beyond Culture*, New York: Anchor Press（岩田慶治・谷泰 訳（1979）『文化を超えて』，TBS ブリタニカ）

ほぼ日刊イトイ新聞（2006）『金の言いまつがい』，ほぼ日ブックス（新潮文庫版あり）

糸井重里（2004）『言いまつがい』，ほぼ日ブックス（新潮文庫版あり）

賀集寛（1997）ことばのはたらき―情報処理の基礎，浮田潤・賀集寛 共編，『言語と記憶』，培風館

邑本俊亮（2012）言語力を育てる―教育現場での試み，福田由紀 編著，『言語心理学入門―言語力を育てる』，培風館

仁平義明（1990）からだと意図が乖離するとき―スリップの心理学的理論，佐伯胖・佐々木正人 編，『アクティブ・マインド―人間は動きのなかで考える』，東京大学出版

Schank, R. C., & Abelson, R. P. (1977) *Scripts, Plans, Goals, and Understanding: A Inquiry into Human Knowledge Structures*, Hillsdale, NJ: Erlbaum

寺尾康（2002）『言い間違いはどうして起こる？』，岩波書店

第2章 非言語コミュニケーション

　コミュニケーションで他者に伝わるメッセージは言語だけではない．私たちは，言葉以外でもさまざまなメッセージを相手に送っている．本章では，言葉以外のメッセージには，どのような種類のものが存在するのか，それらはどんな特徴をもっているのかについて解説する．さらに，嘘をついたときにそうしたメッセージが体のどこかに表れ，他者に読み取られてしまうのかどうかについても考える．

◉ 2.1　非言語コミュニケーションとは

2.1.1　言葉以外のメッセージ

　非言語コミュニケーションは，その名称のとおり，言語ではないコミュニケーションのことである．英語ではノンバーバルコミュニケーション（nonverbal communication）といい，その頭文字をとって NVC と省略されることもある．私たちはしばしば言語以外のメッセージを相手に送り，それによってコミュニケーションを成り立たせている．時には，意図せず非言語メッセージを発信し，それが相手に伝わってしまっていることもある．

　非言語コミュニケーションの例として，お母さんと赤ちゃんのコミュニケーションを挙げることができる．生まれたばかりの赤ちゃんはまだ言葉を発することができないが，お母さんは赤ちゃんの気持ちをある程度理解できるであろう．言語以外のメッセージが伝わるからである．

　また，動物のコミュニケーションも非言語コミュニケーションである．人間は言語をもっているが，人間以外の動物は基本的には言語をもたない．しかし，動物が仲間同士でコミュニケーションをとっていないわけではない．たとえば，ミツバチはダンスでコミュニケーションをとることが知られている．蜜を集めて巣に戻ってきたハチは，お尻を振りながら8の字を描くようにダンスをして，蜜のありかまでの距離や方向を仲間に伝えている（von Frisch, 1950）．

2.1.2 言語メッセージと非言語メッセージの独立性

　言語メッセージと非言語メッセージは独立のものである．すなわち，私たちはこれら2種類のメッセージを同時に発信することができ，それらは別々のチャネルを通って相手に届く．チャネルが異なるため，内容の異なる2種類のメッセージを同時に送ることも可能である．ちょうどテレビのチャンネルを変えると異なる番組が流れてくるようなものである．そして，それぞれの番組内でまったく正反対の情報を流しているというような状況も生じる．

　2種類のメッセージが矛盾するものであると，受け手は困惑する．どちらのメッセージを信じていいのかわからなくなる．たとえば，苦虫を嚙み潰したような顔で「あなたのこと好き」と言われたとしよう．あなたはどんな気持ちになるだろうか．本当に好きなのか，それとも，嫌いなのか，困ってしまうに違いない．2種類の矛盾するメッセージで相手を困惑させるコミュニケーションのことを二重束縛的コミュニケーションとよぶ（深田，1998）．

　言語と非言語における矛盾するメッセージは受け手を困惑させることもあるが，一般的には非言語メッセージのほうが，力が強い．つまり，言語メッセージよりも非言語メッセージが重視され，そちらのほうが真のメッセージとして受け取られることが多い．あなたが先生に許しを請う場面を想像してほしい．先生が言葉では「許してやる」と言ってくれても，眉をひそめ，険しい表情で，むっとした態度だったとしたらどうであろうか．きっと先生は許してくれてはいないだろうと感じるのではないだろうか．

2.1.3 同調傾向

　喫茶店に入ったときに，仲の良さそうな2人連れを見かけたら，少し観察してみてほしい．興味深い事実に気づくことができるかもしれない．一方が肘をついていたらもう一方も同じように肘をついている．一方が腕を組んでいたらもう一方も腕を組んでいる．一方が髪を手で触れたらもう一方も髪を手で触れる．このように，2人の間で同じような動作や仕草が表れる可能性がある．これは，同調傾向（シンクロニー傾向）とよばれている現象である．

　動作だけでなく，二者の発言時間も同調する．マタラッツォら（Matarazzo *et al.*, 1963）は，面接場面において，面接者の発言時間の変化に応じて被面接

者の発言時間が変化することを報告している．研究では，45分の面接時間が15分ずつ3つのセッションに分けられ，面接者はセッションごとに発言時間をシステマティックに変化させるよう依頼された．具体的には，面接者の発言時間を，第1実験ではセッション順におよそ5秒，10秒，5秒に，第2実験では10秒，5秒，10秒になるようにしてもらった．その結果，被面接者の各セッションでの平均発言時間は，面接者の発言時間に応じるかのように，第1実験では24.3秒，46.9秒，26.6秒と変化し，第2実験では41.1秒，22.8秒，48.2秒と変化したのである．

　同調傾向は共感性や社会化の程度と関連している（大坊，2013）．すなわち，共感性の高い人や社会的に成熟した人では同調傾向が多く見られる．会話していて，他者と同じかっこうになっていることに気づき，気まずくてわざとそれを崩そうとする人がいるかもしれないが，それは社会的に成熟しているということであり，気にする必要はないということである．

◉ 2.2　非言語コミュニケーションの種類

2.2.1　ジェスチャー

　ジェスチャーゲームというものがある．お題が出題され，それを見た人が言葉を使わずに身振り手振りで次の人にお題の内容を伝え，次の人はまたその次の人へと，次々に伝えていくゲームである．このようなゲームが成立するということは，身振り手振りだけでなんらかのメッセージを伝えられるということを意味する．たとえば，もし相手が両手を頭の上にあげて丸い形を作れば◯，胸の前で両手を交差させれば×ということを理解できる．前者は肯定，後者は否定を意味する．

　ジェスチャーで感情が伝わることもある．スポーツで試合終了後に，選手がこぶしを握り締めて両手を宙高く突き上げている姿を見れば勝利したうれしさが伝わってくるし，逆に，頭を抱えてうずくまっている姿からは負けた悔しさや自責の念が伝わってくる．

　ジェスチャーによってあらわされる意味は世界共通とは限らない．たとえば，上述の◯や×を表す動作は欧米では伝わらない可能性が高い．また，日本では手のひらを下にして手招きし「こっちにおいで」という意味を伝えるが，

欧米では「あっちに行け」という意味になる.

　同じ文化圏であっても，立場の違いによって同じジェスチャーが異なる意味になることもある. たとえば，うなずくという仕草を考えてみよう. 会話においては，聞き手は話を聞きながらうなずくことが多いが，この仕草をどのように解釈するかは，話し手と聞き手という立場の違いによって微妙に異なるようである. マタラッツォら（Matarazzo *et al.*, 1964）は，面接場面で面接者がうなずきを多用すると被面接者の発言時間が増えることを明らかにしている. 被面接者は，面接者のうなずきによって自分の発言内容が承認されたと感じ，その結果，発言量が増えたものと考えられる. 通常の会話場面を想像してみると，うなずきは，聞き手にとっては，ただ単に「あなたの話を聞いている」という意味で用いられることが少なくない. しかし，それを見た話し手は「私の話が受け入れられている」と感じてしまう. この微妙なズレによって，話し手の主張の受諾に関して，二者間での誤解に発展することもある.

2.2.2 表 情

　表情からその人の感情を推測できることがある. 表情は感情を伝えるコミュニケーションである. エクマン（Ekman, 1973）は，人間の基本感情を，喜び，驚き，恐怖，悲しみ，怒り，嫌悪の6つに分類し，これらの感情を表出している人の写真をさまざまな文化圏の人々に提示して感情を推測してもらう調査を行った. 一連の調査結果からエクマンは，6種類の基本感情の表情に対する感情判断は文化圏を問わず一致度が高いことを明らかにしている. 表2.1は，そのうちの1つの調査結果である.

　一方，感情表出の仕方に関しては文化差があるようである. 特に日本人は感

表2.1　表情に対する感情判断の一致率（％）（Ekman, 1973；行と列を入れ替えて作成）

	喜び	嫌悪	驚き	悲しみ	怒り	恐怖
アメリカ　　（99名）	97	92	95	84	67	85
ブラジル　　（40名）	95	97	87	59	90	67
チリ　　　　（119名）	95	92	93	88	94	68
アルゼンチン（168名）	98	92	95	78	90	54
日本　　　　（29名）	100	90	100	62	90	66

情表出が乏しいと言われる．佐藤ら（Sato *et al.*, 2019）は，日本人の実験参加者にエクマンの6種類の基本感情の写真をまねしてもらうとその特徴がほぼ正確に表れるが，写真に対応する感情を喚起するシナリオを読んで感じた感情を表出させると，喜びと驚き以外は，やや異なる特徴が表れることを報告している．具体的には，当該感情だけでなく他の感情や中性感情の特徴も表れる．したがって，日本人の感情表出はエクマンの理論とは異なると結論付けられた．日本人は感情をあまり顔に出さない，そして感情を読み取りにくいといわれているが，そのことを示した研究結果といえる．

　表出の文化差はあるにせよ，表情は感情を伝える機能をもっている．したがって，相手の表情を見れば，おおよそその人の気持ちがわかる．さらに，不思議なことに，表情から推測される気持ちが自分の中に湧き上がってくることもある．この現象は情動伝染とよばれている．とくに笑顔はその傾向が強い．笑顔の人を見ると自分も快い気持ちになる．いやなことがあって暗い気持ちのときでも，子どもの無邪気な笑顔を見ると気持ちが晴れ，自分も自然と笑顔になっているものである．笑顔は伝播する．人間同士のコミュニケーションにおいて，笑顔はとても重要な役割を果たしているといえよう．

2.2.3　視　線

　ケータイやスマホを見ながら会話する人がいる．そのような人と会話したとしたら，あなたはどう感じるだろうか．あまりいい気はしないのではないだろうか．視線は重要なメッセージである．まったく視線を向けてくれないと，本当に話す気があるのか相手を疑ってしまう．では，コミュニケーションにおいて視線はどのような役割を果たし，どのようなメッセージを伝えるのだろうか．

　まず，相手のことを知りたいときに生ずる情報探索の視線がある．視線を向けて相手のことを知ろうとするのである．具体的な場面を考えよう．たとえば，あなたが面接を受けるとして，面接室に入ったとしよう．面接官は一斉にあなたのことを見るはずである．頭のてっぺんから足の先まで見るかもしれない．これはあなたが採用に値する人物かどうかを，まずは外見の情報を参考に判断しようとしているのである．

　第2に，相手に自分の気持ちを伝えるための情報伝達の視線がある．これも

具体的な場面を想像してもらいたい．あなたは中学校の先生だとする．あなたが授業で黒板に問題を書いて，子どもたちに「さて，この問題を誰に答えてもらおうかな」と言ったとする．すると，指名してほしくない子は下を向くだろう．一方，指名してほしい子はあなたに視線を向ける．まさに「僕にあてて」「私にあてて」の視線である．これが小学生だと少し違うかもしれない．指名してほしい子はすぐに「はーい」と手を挙げるからである．中学生くらいになると「はーい」と言わずに視線で気持ちを伝えてくる．

　第3に，感情表出の視線である．自分の気持ちが視線になって表れ，相手に届くのである．感情の種類によって，その視線のタイプが異なる点にも注目したい．仲の良い関係の「親和的視線」と，怒っているときの「敵対的視線」とは明らかに異なる．前者は穏やかなやさしい視線であるし，後者はじろりと睨みつける視線である．相撲で仕切りのときに力士同士がじっと視線を向け合っている場面を見たことがあるだろう．これは相手に負けたくない気持ちの「競争的視線」である．そのときの感情によって視線のタイプは異なり，それによって相手の気持ちをある程度把握するができる．

　第4に，会話時の相互作用を調節する役割をもった視線も存在する．会話中に，話し手と聞き手とではどちらのほうが相手により多くの視線を送っているであろうか．アーガイルとインガム（Argyle & Ingham, 1972）の研究によれば，聞き手のほうが相手により多くの視線を送っている（約2mの距離での会話の場合，聞き手は会話全体の70～80％程度，話し手は30～50％程度）．話し手は，聞き手に視線を向けたり逸らしたりを繰り返しているのだが，自分の発言が終わりに近づくと，聞き手に対して少し長めの視線を送る．「私の話はもうすぐ終了するから，次はあなたの番よ」というような，発言権のバトンタッチの視線を送るのである．これが相互作用を調節する視線である．

2.2.4　対人距離

　人と人との物理的距離がコミュニケーションになっているといわれると不思議に思う人がいるかもしれない．しかし，よく考えれば不思議なことではない．あなたは，好きな人とは近くにいたいし，嫌いな人とは距離を置きたいはずである．あなたの気持ちが距離になって表れるのである．そして，そのメッ

セージが相手に届く．すなわち，相手は「この人はいつもそばにいる．私のことが好きなのかな」「あの人はいつも私を避けている感じだ．自分のことが嫌いなのかな」などと，あなたの気持ちを感じとるであろう．

　人間は元来，他者との間に幾分かの距離を置く．それは，自分専用の空間を確保していたいからである．自分の身体の周囲で，他者に侵入してほしくない空間のことをパーソナルスペースとよぶ．パーソナルスペースは公共の場所でよく観察できる．比較的空いた電車に乗り込んだとしよう．あなたは他者と席を空けて座り，決して見知らぬ人の隣にくっついて座ることはないであろう．では，座席がほとんど埋まっている電車の場合はどうだろうか．たとえば，1つしか座席が空いていない場合，あなたはそこに座るであろうか．もちろん，座る人もいるだろう．疲れていればそうである．しかし，中にはわざわざ座らず，扉付近で立っている人も出てくる．隣に人がいる座席に座るよりも立っているほうが，自分のパーソナルスペースを広く確保できるからである．

　一般に，パーソナルスペースは前方が広く，後方は狭い．他者が後方にいてもあまり気にならないが，それと同じ距離で前方にいられると気になるのである．また，パーソナルスペースは状況に応じて広がったり狭まったりする．たとえば，上述の電車の例で考えてみよう．あなたは，空いている電車ならパーソナルスペースを広くとるだろう．では，朝の通勤や通学の際に，満員電車が来たら乗るのを止めるだろうか．パーソナルスペースはほとんど確保できない．それでもあなたは電車に乗るだろう．そうしなければ遅刻してしまうからである．このように，状況次第で自分が確保したいパーソナルスペースの広さは変化する．

　さて，対人距離によるコミュニケーションに話を戻そう．対人距離は，他の非言語メッセージに影響を及ぼすことも知られている．それは視線である．一般に，相手との距離が近くなると視線量が減少する．図2.1は，2人で3分間会話をしてもらったときの，二者間の距離とアイコンタクト量の関係を示した研究データである．男女どのようなペアでも，グラフが左下がりになっていることがわかる．距離が近いと相手と視線を合わせにくいのである．

　こうした傾向が顕著に表れるのがエレベーターの中である．複数の人が乗っているエレベーターの中で，人はどこを見ているであろうか．上方にある現在

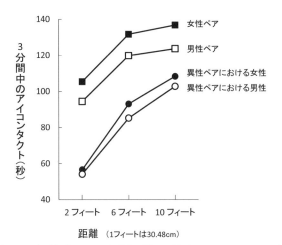

図 2.1 会話実験における視線と距離の関係（Argyle & Dean, 1965）

の階を示す表示をずっと見ている人が多い．他者との距離が非常に近いので，他者と視線を合わせたくないわけである．

ただし，距離が近くなると視線量が減るという現象は，非常に親しい間柄では生じない．たとえば，仲睦まじい恋人同士では，2人の距離が近くなっても視線量が減ることはないだろう．お母さんと赤ちゃんでもそうである．お母さんが赤ちゃんを抱っこして自分の顔に近づけたとき，お母さんは赤ちゃんから視線を逸らしはしないであろう．

2.2.5 身体接触

乳幼児期にあなたは，お父さんやお母さんに抱っこされたり，おんぶされたりしてすごしたことだろう．兄弟で体を触れあわせて遊んだ人も多いに違いない．身体接触はコミュニケーションである．そうやって気持ちを伝えあい，安心感を得ていたのである．

しかし，発達とともに身体接触の時間は減少する．言語習得によって自分の気持ちを言葉で伝えることができるようになると，身体接触によるコミュニケーションがあまり必要でなくなるためかもしれない．また，他者に触れることを恥ずかしいと思う気持ちが表れてくるためかもしれない．ただし，大人に

なっても身体接触がまったくなくなるわけではない.

　身体接触を頻繁に行う人たちがいる. スポーツ選手である. 彼らはチームメイトに対して盛んに身体接触を行う. 野球でホームランを打った選手をチームメイトがベンチの前で迎えている様子を思い出してほしい. ハイタッチをしたり, 背中やお尻を軽くたたいたりしている. サッカーでゴールを決めた選手に, チームメイトが駆け寄って抱きついている姿もよく見かける. チームメイトだけではない. 戦いを終えたライバル同士が, ベストを尽くした相手を称えあいながら強くハグする姿も思い浮かぶ. なぜ身体接触をしているのであろうか. それはまさにコミュニケーションである. 自分のうれしい気持ちや相手をリスペクトする気持ちを身体接触によって伝えているのである.

　身体接触には文化差がある. 日本人はあまり身体接触を行わない. バーンランド (Barnlund, 1975) は, 日本とアメリカの 18〜24 歳の学生 (各 120 名ずつ) を対象として, 14 歳以降の身体接触について調査を行っている. 調査では, 人間の体を 24 の部位に分け, それぞれの部位について, 父親, 母親, 同性の友人, 異性の友人に対して, 「触れたか」と「触られたか」を回答してもらった. その結果, 日本人の身体接触量がアメリカ人の 2 分の 1 であることが明らかとなった. また, 日本人の中には, 14 歳以降は親とも, 友人とも, 誰とも「身体接触がない」と回答した者がかなりいたことも報告されている.

2.2.6　座席選択

　長方形のテーブルがある. 短い辺には 1 人, 長い辺には 2 人座れる. いま, あなたが他者と 2 人で座ることを考えてほしい. 次のような状況で, どのように座るだろうか.

　①友達とおしゃべりをしたい場合

　②恋人同士で座る場合

　③あまり話をしたくない人とテーブルにつく場合

　④パズルゲームで競争する場合

　4 つの場面すべてで同じ座り方になった人はいないのではないだろうか. 私たちは状況によって座り方を変えているのである. クック (Cook, 1970) は, 上述の 4 場面を含む 6 つの場面で, どのような座り方をするかを 113 名 (大学

表2.2　異なる状況での座席選択（Cook, 1970 より作成）

相手との関係	モチベーション	状　況	☺□☺	☺□☺	☺☺□	☺□☺	☺☺□☺
好意的	低	同性の友人と別々の試験勉強をするとき	13	8	10	31	47
	中	授業前に少し友人とおしゃべりするとき	51	29	16	1	12
	高	恋人と一緒のとき	32	8	65	4	0
敵対・競争的	低	嫌いで話したくない人と一緒のとき	5	13	11	9	67
	中	パズル解きの競争をするとき	8	11	8	55	28
	高	同性の友人と議論したいとき	22	41	5	11	22

注）回答者数113名．原典には明記されていないが，無回答があったものと推測される．

生71名，大学生以外42名）に回答させた．結果は表2.2に示すとおりである．6つの場面は，相手との関係2種類（好意的／敵対・競争的）とモチベーションの高さ3種類（高／中／低）の組み合わせで設定されている．回答結果から，モチベーションが高まってくると，好意的関係の場合は隣り合いたくなり，敵対・競争関係の場合は向かい合いたくなる傾向があることを読み取れる．私たちは座席を選択する際に，いまの状況に対する自分の気持ちを座り方というメッセージとして相手に送っている．座席選択もコミュニケーションになっていることがわかる．

　会議のような場面では，リーダーシップをとるタイプの人はメンバー全員の顔がよく見える座席を選ぶ傾向がある．長テーブルでいえば，短辺の座席に相当する．そこに座ることで会議を運営しやすくなるからである．すなわち，全員を見渡して，各メンバーの表情を見ながら，発言したそうな人を指名したり，反論がありそうな人に意見を求めたりすることができるからである．

2.2.7　パラ言語

　同じメッセージでも，口調を変えるだけで伝わるニュアンスが変化することがある．たとえば，友人から電話がかかってきて，うれしそうな声で「ねぇ，聞いて」と言われるのと，怒った声で「ねぇ，聞いて」と言われるのとでは，

その後のメッセージが明らかに異なるものであることが予想できる．同じ言語情報の「ねぇ，聞いて」も，口調ひとつで伝わるものが変化する．

　話し手の口調や言い方はパラ言語とよばれている．パラとは「周辺の」「準ずる」という意味であり，周辺言語あるいは準言語ともよばれる．ようするに，言語をとりまいている言葉以外の情報のことで，具体的には，話し手の声の大きさ，高さ，スピード，響きぐあい，抑揚，間の取り方などが該当する．また，上述したような感情を伴う声色もパラ言語である．

　パラ言語は，プレゼンテーションの際にきわめて大きな役割を果たす．パラ言語の使い方ひとつで，プレゼンが上手にも下手にもなる．小さな声でボソボソ話していては伝わるものも伝わらない．大きな声で聞き取りやすく，緩急をつけたり，間を入れたりと，パラ言語を駆使すれば，聴衆を引き付けるプレゼンができる．しかしながら，私たちはパラ言語について学ぶ機会はほとんどない．ぜひ，この機会にパラ言語について知っておいてほしい．

2.2.8 身だしなみ

　服装，ヘアスタイル，眼鏡，化粧，アクセサリー，香水などもコミュニケーションになる．それらはファッションであって，本人の自由ではないかと思われたかもしれないが，それらが他者になんらかのメッセージを送ってしまうのである．たとえば初対面のとき，相手の服装やヘアスタイルを見て「この人はちょっと自分とは合わないかも」などと思ったことはないだろうか．相手の身だしなみがあなたにメッセージを発したのである．

　身だしなみは，相手のことをまだよく知らない段階で大きな力を発揮する．相手のことをよく知ってしまえば，たとえ相手がヘアスタイルを変えても，服装をいつもと違う雰囲気にしてきても，相手に対する印象が大きく変わることはないであろう．「何か気分の変化があったのかな」と思う程度である．相手のことをよく知らない段階であるからこそ，身だしなみが重要なのである．

　友人にプレゼントを渡すときのことを想像してほしい．あなたはきれいなラッピングでプレゼントを渡すだろう．もらった友人はそれを見て「わー，うれしい」と思うはずである．もしもレジ袋にぐじゃぐじゃと入れたものを渡したとしたら，友人はあまり喜んでくれない．プレゼントは，もらう人がその中

身をわからないからこそ外側が大事なのである．ラッピングが上手にできなければ，渡すときに「ゴディバの 1000 円のチョコレートだよ」などと中身を伝えてしまえばよい．そうすれば外側はあまり関係なくなる．初対面の際に身だしなみが重要なのはこれと同じである．

◉ 2.3　嘘は見抜けるのか

　世の中には，嘘をついている人はその外見になんらかのサインが出てしまうとする考え方がある．たとえば，視線を逸らしやすい，瞬きの回数が増える，普段と異なる手や足の動きが生じる，声のピッチが高くなる，言い間違いが増える，目が右上を向く，などである．すなわち，嘘をつくと非言語のサインとして表れるというわけである．それは本当のことなのであろうか．

　これについて調べてみることは簡単である．ある人に本当のことと嘘のことを話してもらい，嘘をついているときに，上述の変化が生ずるかどうかを検証すればよい．

　ヴレイ（Vrij, 2000）はそうした検証を行った過去の研究を集計している．その集計の一部を，越智（2017）は表 2.3 のようにまとめている．表 2.3 からは，嘘をついたときにそれぞれの非言語の特徴が増えるとする研究もあれば減るとする研究もあり，さらには差がないとする研究も多くあることがわかる．つまり，研究のレベルでは，非言語のサインが表れるかどうかについて，はっきりとした結論は得られていないということである．つまり，嘘は見抜けるの

表 2.3　嘘をついたときの非言語行動の変化の有無を調査した研究のまとめ（越智，2017）

	言いよどみ	言い間違い	声のピッチ	声のスピード	返答までの時間	会話中の沈黙	沈黙の頻度	相手の凝視	笑い	自分の体を触れる	まばたき
差がない	16	13	5	12	9	2	8	16	27	22	7
増加する	6	13	7	2	7	4	2	2	1	5	0
減少する	4	2	0	5	8	0	2	6	2	4	0

注）数値は論文数

かといわれれば，それは難しいといわざるをえない．

　もっとも，こうしたサインが表れやすい人もいるかもしれない．嘘をつくということは，ばれたら困るという気持ちがあるので，普段と異なる心理状態になるわけである．そうした不安や緊張から，たとえば言い間違いも生じやすくなるかもしれない．しかし，すべての人がそうしたサインを出すとは限らないわけであり，やはり嘘を見抜くのは容易でないと考えるのが妥当である．

文　献

Argyle, M., & Dean, J. (1965) Eye-contact, distance and affiliation, *Sociometry*, **28**, 289-304

Argyle, M., & Ingham, R. (1972) Gaze, mutual gaze, and proximity, *Semiotica*, **6**, 32-49

Barnlund, D. C. (1975) *Public and private self in Japan and the United States: Communicative styles of two cultures*, Tokyo: Simul Press（西山千・佐野雅子 訳（1979）『日本人の表現構造―公的自己と私的自己』，サイマル出版会）

Cook, M. (1970) Experiments on orientation and proxemics, *Human Relations*, **23**, 61-76

大坊郁夫（2013）パーソナリティと対人関係，二宮克美他 編，『パーソナリティ心理学ハンドブック』，福村出版

Ekman, P. (1973) Cross-cultural studies of facial expression, In P. Ekman (Ed.), *Darwin and Facial Expression: A Century of Research in Review*（pp.169-222），New York: Academic Press

深田博己（1998）『インターパーソナル・コミュニケーション―対人コミュニケーションの心理学』，北大路書房

Matarazzo, J. D. *et al.* (1963) Interviewer influence on durations of interviewee speech, *Journal of Verbal Learning and Verbal Behavior*, **1**, 451-458

Matarazzo, J. D. *et al.* (1964) Interviewer head nodding and interviewee speech durations, *Psychotherapy: Theory, Research & Practice*, **1**, 54-63

越智啓太（2017）心理学でウソを見破ることはできるのか？―犯罪心理学からのアプローチ，邑本俊亮・池田まさみ 編，『心理学の神話をめぐって―信じる心と見抜く心』，誠信書房

Sato, W. *et al.* (2019) Facial expressions of basic emotions in Japanese laypeople, *Frontiers in Psychology*, 10: 259

Vrij, A. (2000) *Detecting Lies and Deceit: The Psychology of Lying and the Implications for Professional Practice*, Wiley, Chichester

von Frisch, K. (1950) *Bees: Their Vision, Chemical Senses, and Language*, Ithaca, NY: Cornell University Press（内田亨 訳（1970）『ミツバチの不思議―その言葉と感覚』，法政大学出版局）（第2版も刊行されている）

第3章 自己とコミュニケーション

　私たちは自分がどのような人間であるか認識している．この認識は自己概念とよばれている．自己概念の形成には他者の存在が不可欠である．また，私たちは自分のことを他者に伝える．相手に特定の印象を与えるために自分を演出して伝えることもあれば，真の自分を語ることもある．前者は自己呈示，後者は自己開示とよばれている．本章では，こうした自己にかかわるコミュニケーションについて解説する．

● 3.1　自　己　概　念

3.1.1　自己概念の発達

　自分という人間について考えてもらいたい．「私は……」という文を20個作成してみよう．20個というのはなかなか大変で時間がかかるかもしれないがやってみてほしい．

　いま手元に記述されたものは，あなた自身が自分について抱いているイメージである．これを自己概念とよぶ．自己概念の中には客観的に正しいと判断されるものもあれば，あなたの主観でしかないものもある．このように自分のことを20個書いてもらう方法は20答法とよばれ，自己概念を調べるための1つの方法となっている．

　では，記述されたものの中に以下のような内容があるかどうか調べてもらいたい．まず，身体的特徴である．身長でも体重でも，身体のどのような特徴でもかまわない．つぎに，持ち物である．自分の所有している物が何か記述されているだろうか．最後に心理的特徴である．性格や気質など内面的あるいは心理的特徴が書いてあるだろうか．

　自己概念は年齢とともに変化する．モンテマヨールとアイゼン（Montemayor & Eisen, 1977）は，20答法を用いて10歳から18歳まで2年区切りで調査を行った．それによれば，上記の3つの特徴は図3.1のように変化することがわかっている．身体的特徴は10歳では約90%の子どもが記述するが，年齢が上

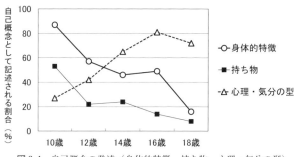

図3.1　自己概念の発達（身体的特徴，持ち物，心理・気分の型）
（Montemayor & Eisen, 1977 より作成）

がるとその割合は減少する．持ち物も 10 歳では約 50% の子どもが記述するが，
年齢が上がると徐々に記述されなくなる．一方，心理的特徴は 10 歳の記述に
はあまり見られず，年齢が上がるとともに記述される割合が高くなる．以上の
ことから，子どもにとっては身体的特徴や持ち物など外面的なものが重要な自
己概念であり，年齢とともに心理的特徴など内面的なものが重要な自己概念に
なるといえる．自己概念は外面的なものから内面的なものへと変化するのであ
る．

3.1.2　自己概念に影響を及ぼす要因

　自己概念は発達とともに大きく変化し，大人になってからも少なからず変化
し続けるであろう．では，自己概念の形成や変化に影響を及ぼすものは何であ
ろうか．

　第1は，他者からの評価である．他者からの評価によって自分のことを知る
ことができる．たとえば，あなたが趣味でテニスをするとしよう．自分のテニ
スの腕前がどの程度であるか，自分ではよくわからない．友人と一緒にプレイ
したあと，友人から「テニス上手なんだね」と言われたとしたら，どうだろう
か．「そうか，自分はテニスが上手なのだ」と思うことができる．「テニスが上
手い」という自己概念ができるわけである．恋人から「あなたって，やさしい
のね」と言われて，自分はやさしい人間だと思うようになる場合も同様であ
る．すなわち，他者の自分に対する言動や態度から自己概念が作られる．それ

はあたかも他者が鏡となって，そこに映った自分の姿から自分のことを知るというようなことであり，これは鏡映的自己とよばれている．

第2は，他者との比較である．あなたが中学校や高校で先生から試験の答案を返してもらうときのことを思い出してほしい．あなたは先生の前で答案をもらったら何をしただろうか．まず，答案の右上を折って，友達に見えないように点数を隠す．その後，自分だけに見えるように点数をのぞき込む．その際，70点だったとしたら，どうだろう．この点数で，成績が良かったのか，悪かったのか，よくわからない．先生が平均点を言ってくれればよいが，言ってくれない．そのときあなたは何をするだろうか．隣の友人の成績をのぞき込むのではないだろうか．そして，友人が60点だったら「自分は成績が良かった」と思えるし，80点だったら「成績が良くなかったのだ」と思うだろう．つまり，他者との比較で自分を知るのである．これを社会的比較とよぶ．

社会的比較は自分と類似した他者と行うのが一般的である．上述の例で，隣の友人がクラスで一番成績が良い子だったら，その子との比較はしないだろう．負けるに決まっているからである．隣の子がクラスで最も成績が悪い子の場合も同じである．勝つに決まっているからである．自分と同じくらいの成績の友人が社会的比較の対象になる．ただし，自尊心を保つために社会的比較を行う場合もある．その際には自分よりも劣っている他者が比較の対象になる．これは下向きの比較とよばれている．

第3に，役割が挙げられる．社会の中で私たちはさまざまな集団に所属している．そして，それぞれの集団の中でなんらかの役割を与えられ，それをこなしている．学校で○○委員という役割を経験したことがある人も多いだろう．役割を与えられると，人間はその役割にふさわしい行動をとるようになるものである．役割が人を形作るといってもよい．役割によって自己概念が形成されるのである．

第4に，自分の行動の帰属である．人間は自分が行っている行動から自分の内面を推測し，自分という人間を知覚することがある．この考え方は自己知覚理論（Bem, 1972）とよばれている．あなたはあるサークルに所属し，毎日のようにサークルに出ているとしよう．あなたはその行動から「自分はこのサークルが好きだ」と思うことができるだろう．では，そのサークルに怖い先輩が

いて「毎日サークルに来なさい」と言っていたとしたらどうだろうか．サークルに毎日行くという行動の理由が「怖い先輩に命令されているから」となってしまい，たとえ本当はそのサークルが好きであったとしても，その気持ちが割り引かれ，過小評価されてしまうことになる．

　レッパーら（Lepper *et al.*, 1973）は，お絵描きが好きな就学前の子どもたちを対象に，フェルトペンでお絵描きをさせる実験を行った．子どもたちを以下の3つの条件のどれかに割り当てた．第1のグループの子どもたちには「これからお絵描きをしてもらいます．うまく描けたらご褒美（赤いリボン付き金色シールの貼られた賞状）をあげるね」と言って，お絵描きをさせ，ご褒美を与えた（報酬予期群）．第2のグループの子どもたちには，ご褒美のことは予告せずにお絵描きをさせ，ご褒美を与えた（報酬群）．第3のグループにはご褒美のことは予告もしないし，お絵描き後に与えることもなかった（無報酬群）．このような実験的介入を行った後，7日後から14日後の間に，各グループの子どもたちの遊び時間のうち自発的にお絵描きをした時間の割合を調べたのである．その結果，1つだけお絵描き遊びの割合が少ないグループがあったのだが，あなたにはわかるだろうか．図3.2に実験の結果を示す．縦軸が自発的にお絵描き遊びをした時間の割合である．報酬予期群が他のグループに比べてお絵描き遊びの時間が少ないことがわかる．これは，介入によって，報酬予期群の子どもたちの「お絵描き遊びが好きだ」という気持ちが割り引かれ，「お絵描き遊びはご褒美のため」になってしまったことを意味している．好き

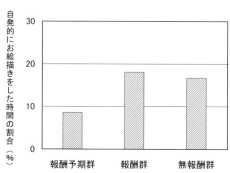

図3.2　報酬が自発的お絵描き行動に及ぼす影響についての実験結果
　　　（Lepper *et al.*, 1973 より作成）

で行っていることに報酬は要らない．むしろ，報酬を与えることで「好きだ」という気持ちが減少してしまい，自発的な行動が抑制されてしまうこともあるのである．

3.1.3 自己スキーマ

自己概念は自分に関するさまざまな知識の集合体であるが，各情報はバラバラな状態で存在しているわけではない．関連する情報が結びついてまとまりを形成し，構造化された状態で存在している．これを自己スキーマとよぶ．

自己スキーマは私たちが情報を処理する際に利用され，自己スキーマに深くかかわるような情報に対して効率的な処理が行われる．マーカス（Markus, 1977）は，女子大学生に対して自分自身について評価を行う質問紙に回答させた．回答結果から，独立的でかつそのことが自分にとって重要だと考えている人を「独立スキーマ群」，依存的でそのことが自分にとって重要と考えている人を「依存スキーマ群」，そのいずれにも当てはまらない人を「非スキーマ群」と分類したうえで，各群16名ずつの実験参加者に，独立性や依存性に関連する複数の形容詞を提示し，それが自分に当てはまるかどうかをできるだけ素早く判断させる実験を行った．その結果，「自分に当てはまる」と判断された単語の反応時間は，独立スキーマ群では独立性に関連する単語のほうが依存性に関連する単語よりも短かったのに対し，依存スキーマ群では依存性に関連する単語のほうが独立性に関連する単語よりも短かった．非スキーマ群は両者の間に差は見られなかった．このことから，自己スキーマは，それに関連する情報の処理を促進することがわかる．

何かを覚える際にも自己スキーマが有効に働く．すなわち，情報を自分に関連付けることによって，その情報の記憶成績が向上する．これは自己関連付け効果とよばれている．ロジャーズら（Rogers *et al.*, 1977）は，実験参加者（大学生32名）に対して，40個の形容詞を1つずつモニター画面に提示し，4種類の判断のいずれか（文字の大きさが直前の質問文に比べて大きいかどうか，直前の質問文で示される単語と韻を踏んでいるかどうか，直前の質問文で示される単語の類義語かどうか，自分に当てはまるかどうか）をランダムに行わせる実験を行った．どの判断を行うかは形容詞の直前に表示される質問文で指示

された．すべての判断を終えた後，実験参加者に40個の形容詞を思い出して
もらうと，自分に当てはまるかどうかの判断を行った形容詞が，その他の判断
を行った形容詞よりも思い出せた割合が高かったのである．

◉ 3.2 自己呈示

私たちは自分のことを他者に伝えることがあるが，いつも本当の自分をさら
け出しているわけではない．自分にとって都合がよいように，自分を演出して
伝えることがある．これを自己呈示とよぶ．自己呈示は，主張的自己呈示と防
衛的自己呈示に分類することができる．

3.2.1 主張的自己呈示

主張的自己呈示は，それによって他者からなんらかの利益を得ることを目的
として行われる自己呈示である．ジョーンズとピットマン（Jones & Pittman,
1982）によれば，主張的自己呈示は以下の5種類に分類される．

①**取り入り**　他者に好ましい印象を与えるために行われる．社会的立場の高
い相手に対して行われることが多い．相手にお世辞を言ったり，相手の意見に
同調したりすることが，これに該当する．

②**威嚇**　脅したり，怒鳴ったりすることで，相手に恐怖を与え，自分に従わ
せることである．相手は，従わないとひどい目に合うという恐怖心から指示や
命令に従うことになる．

③**自己宣伝**　他者に有能な人物であることを印象付けるために行われる．い
わゆる自己アピールである．自分の能力や業績を説明することによって，他者
から良い評価を得て，仕事や地位を獲得することができるかもしれない．

④**示範**　模範的な行動によって他者に道徳的に立派な人間であるという印象
を与えることである．自己犠牲的な行動や献身的な努力を示すことがそれに該
当する．たとえば，部活で一生懸命に取り組んでいる先輩がいたといよう．そ
の姿を見てあなたがその先輩を尊敬し，自分も一生懸命に活動したとしたら，
その先輩は実は示範を行っていたのかもしれない．

⑤**哀願**　弱い立場にあることを強調し，援助を懇願することである．それに
よって，かわいそうだ，援助してやりたい，面倒を見てやらなければと思わせ

ることができる.

3.2.2 防衛的自己呈示

防衛的自己呈示は,自分にとって都合が悪い状況やそれが予想される場合に,自分の評価を守るために行われる自己呈示である.

①**謝罪** 謝ることである.テレビ報道などでは謝罪会見が数多く見られる.謝罪は典型的な防衛的自己呈示といえるかもしれない.ただし,謝り方を間違えると謝罪にならず,逆に評価を下げることもあるので,注意が必要である.誰に対して,何を謝っているのか,どのような責任の取り方をするのかを明確にすることが肝要である.

②**弁解** 言い訳をすることである.「こんなことをするつもりではなかった」のように意図を否定したり,「……のせいでそうなってしまった」のように原因を述べたりするのが,弁解である.基本的には自分の行為が良くない結果を導いたという事実を認めてはいるが,その背景にある事情を伝えて情状酌量を求めるような言い方が多い.「私の知らないところで秘書がやったことだ」のように,自分自身との関連性を切り離そうとする場合もある.

③**正当化** 自分の行為を正当化し,自分には責任がない,あるいはきわめて少ないと主張することである.「みんながやっていることで,別にたいしたことではない」「この地域ではこの行為は当たり前のこと」「これ以外に方法がなかった」など,正当化にはさまざまなタイプがある.

④**セルフ・ハンディキャッピング** 自分が成功するか失敗するかわからないような場合に,その結果が出る前に,自分に不利な条件があることを他者に伝えたり,不利な条件をわざと作り出したりすることである.あなたは試験の当日の朝,友人から「勉強してきた?」と聞かれたとき,「全然勉強できなかった」と回答したことはないだろうか.試験を受けるにあたって自分に不利な条件(ハンディキャップ)があることを強調するのである.

なぜこのようなアピールをするのであろうか.それは,たとえ試験の結果が悪くても,友人からは「勉強できなかったから仕方がないよね」と言ってもらえるからである.あなたの評価は下がらない.そればかりか,もし良い点数をとったとしたら,「勉強していないのにこんなに良い成績をとれるなんてすご

いね」と評価が上がることになる.

　セルフ・ハンディキャッピングは, 不利な条件を言語的にアピールすること
だけではない. 実際に不利な条件を作り出す行為も含まれる. 試験前に, 部屋
を片付けはじめたり, バイトを入れたりする人がいる. このような行為もセル
フ・ハンディキャッピングであるが, それによって試験のための努力を放棄し
てしまうのは, やはり問題のある行動といえよう.

　セルフ・ハンディキャッピングは日常生活のさまざまな場面で見られる.
ボーリングをする前に「最近, やっていないからなあ」とか, カラオケで歌う
前に「この曲初めてカラオケで歌うんだ」など, 人間はとかくセルフ・ハン
ディキャッピングをしたがる. 自分の評価を下げたくないことから生じる行為
とはいえ, あまりにそうした言動が多いと「また言っているよ」と思われ, そ
のことで評価が下がってしまうことにもつながりかねないので, ぜひ気をつけ
たい.

3.2.3　栄光浴

　あなたの知り合いに有名人はいるだろうか. 知り合いの知り合いでもよい.
もしいたとしたら, そのことを他者に話したことはないだろうか. 私の話をし
よう. 私の父は, 漫画家の藤子不二雄さん (藤本弘さん, 安孫子素雄さんのお
2人とも) と友人であった. 授業でこの話をすると, 学生たちが声を上げてう
らやましそうな表情で私を見てくれる. これは栄光浴とよばれる自己呈示であ
る. ちなみに私は授業で栄光浴の解説をするために話すのであって, それ以外
のところでは話さない (これは弁解である).

　栄光浴は, 非常に高い評価を得ている人物や集団と自分との間になんらかの
つながりがあることを強調することである. それによって, 自分の評価が高
まったかのような気持ちになれる. 親戚にプロ野球選手がいるとか, 有名なア
イドルと同級生だとか, ときどきそのような話を耳にすることがあるだろう.
うらやましいと思うかもしれないが, 高く評価されているのは話をしている本
人ではない. その人とつながりのある有名人のほうである. 集団とのつながり
による栄光浴としては, これまで自分の母校のことを一言も言わなかった人
が, その高校の野球部が甲子園に出場することが決まったときから, やたらと

「自分の母校の野球部が……」と言い出すような例が挙げられる.

チャルディーニら（Cialdini *et al.*, 1976）は，自己評価と栄光浴の関係についての興味深い実験を報告している. 実験は，アメリカンフットボールの比較的強い大学の一般学生に対して電話で行われた. まず，学生の自己評価に関して高低の2群に分けるため，6つの問題を出題し，学生の実際の回答にかかわらず，半数の学生には「5問正解」，残り半数の学生には「1問正解」と告げた. その後，栄光浴が生じるかどうかを調べるために，数日前に行われた所属大学のフットボールの試合の結果について尋ね，学生がチームのことを「we」と言うか「they」と言うかを調べたのである. チームが勝った場合，「we」では「私たちは勝った」，「they」では「彼らは勝った」となり，前者において栄光浴が生じたことになる. 実験の結果，事前の問題の正解数が多く自己評価が高い場合には，所属大学のチームが勝ったときも負けたときも，「we」の使用率は2割程度（24％と22％）であり，大きな差はなかった. しかし，事前の問題の正解率が低かった場合には，勝ったときの「we」の使用率は40％で，負けたときの14％に比べて使用される割合が高かったのである. すなわち，問題への回答が間違っていて自己評価が低下している際に，フットボールチームへの栄光浴が生じたと考えられた.

栄光浴はどんな場合にも生じるわけではない. たとえば，あなたがスポーツ選手でオリンピックを目指していたとしよう. また，同じ種目でオリンピックを目指している友人もいるとしよう. オリンピック出場選手を決める最後の大会で，あなたは負け，友人が勝利してオリンピックへの切符をつかんだ場合に，あなたは友人のことを他者に話して栄光浴するだろうか. あまり話したくない気持ちになるのではないだろうか. 他者に話すことで，自分が負けたことを知られ，自分の評価が下がってしまうわけである. 栄光浴は，その対象が自分とあまり関連しない領域で高い評価を得ている場合に生じやすいのである.

◉ 3.3　自 己 開 示

3.3.1　自己開示とは

自己開示とは，自分の印象を操作することなく，他者に自分のことを打ち明けることである.

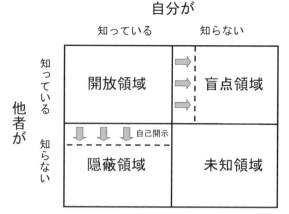

図3.3 ジョハリの窓と自己開示 (Luft & Ingham, 1955 を改変)

　自己開示を説明するうえで，ジョハリの窓の考え方が有用である．ジョハリの窓は，考案者であるジョゼフ・ルフト（Joseph Luft）とハリー・インガム（Harry Ingham）の名前を組み合わせて名付けられた，自分自身をとらえるためのツールである．ジョハリの窓では，自分のことを図3.3のような四角形としてとらえる．まず，自分自身について自分が知っているかどうかで，左右に2分割する．左は自分が知っている自分，右は自分が知らない自分である．さらに，自分のことを他者が知っているかどうかで上下に二分割する．上は他者が知っている自分，下は他者が知らない自分である．こうして分割した結果，4つの自分が存在することになる．左上は，自分も他者も知っている自分であり，開放領域とよばれる．左下は，自分が知っているが他者が知らない自分であり，隠蔽領域とよばれる．右上は，自分が知らないが他者が知っている自分であり，盲点領域とよばれる．右下は，自分も他者も知らない自分であり，未知領域とよばれる．この考え方のもとで自己開示をとらえるならば，自己開示とは自分の隠蔽領域の一部を他者に伝えて開放領域にする行為であるといえる．

3.3.2　自己開示の返報性

　自己開示を行うことで自分のことを他者にわかってもらえると同時に，時には，その内容を知った他者がそれに関連する盲点領域内の情報をフィードバッ

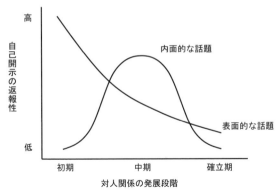

図 3.4　対人関係の発展と自己開示の返報性（Altman, 1973）

クしてくれるかもしれない．それにより，あなたの開放領域がさらに広がるだ
ろう．開放領域が広がるのは，あなたにも他者にも良いことである．

　さらに，自己開示の重要な効果は，あなたの自己開示を受けた他者が，その
人の自己開示を返す傾向があることである．これを自己開示の返報性とよぶ．
返ってくる内容は，一般的にあなたが開示した内容と同じ程度の深さとなる．
すなわち，軽い自己開示では軽い自己開示が返ってくるし，深い自己開示を行
うとそれと同じくらい深い自己開示が返ってくる．こうした自己開示の返報性
があるからこそ，あなたと他者はお互いのことをよく知るようになり，親密な
間柄になっていくわけである．二者間の親密化のプロセスには，自己開示の返
報性が重要な役割を果たしているといえる．

　自己開示の返報性は，他者との対人関係の発展の段階によって異なる様相を
示す．アルトマン（Altman, 1973）のモデルによれば，表面的な話題は対人関
係の初期の段階で返報性が生じやすく，その後は徐々に生じにくくなる．一
方，内面的な話題に関しては，関係発展の中期において返報性が高まる傾向が
あり，初期や確立期においてはその傾向は弱い（図 3.4）．

3.3.3　返報性が成立しない場合

　こちらが自己開示をしても相手から自己開示が返ってこない．そんな経験を
したことがある人もいるだろう．それはなぜだろう．

　その 1 つは，相手があなたとこれ以上深くかかわりたくないと思っている場

合である．相手があなたと人間関係を継続したいと思っていれば，通常は自己
開示を返す．そうでない場合は，自己開示は返ってこないのである．たとえあ
なたが相手と親しい間柄になりたいと思っていたとしても，脈なしと思うしか
ないだろう．

　また，初対面にもかかわらずあなたが過剰な自己開示をした場合も，相手は
警戒心から同程度の自己開示はしないであろう．初対面の場面では，浅い自己
開示が一般的であり，開示量も少ないのである．

　その一方で，非常に親しい間柄の場合にも自己開示の返報性が見られないこ
ともある．二者間の関係構築の過程で互いに十分に自己開示をしているし，信
頼関係が確立していれば即時的に自己開示を返す必要もないためである．十分
に親しい間柄であれば，返報性が見られなくても心配することはない．

文　献

Altman, I. (1973) Reciprocity of interpersonal exchange, *Journal for the Theory of Social Behaviour*, **3**, 249-261

Bem, D. J. (1972) Self-perception theory, In L. Berkowitz (Ed.), *Advances in Experimental Social Psychology*, Vol. 6 (pp. 1-62), New York: Academic Press

Cialdini, R. B. *et al.* (1976) Basking in reflected glory: Three (football) field studies, *Journal of Personality and Social Psychology*, **34**, 366-375

Jones, E. E., & Pittman, T. S. (1982) Toward a general theory of strategic self-presentation, In J. Suls (Ed.), *Psychological Perspectives on the Self*, Vol. 1 (pp. 231-262), Hillsdale, NJ: Erlbaum

Lepper, M. R. *et al.* (1973) Undermining children's intrinsic interest with extrinsic reward: A test of the "overjustification" hypothesis, *Journal of Personality and Social Psychology*, **28**, 129-137

Luft, J. & Ingham, H. (1955) The Johari window, a graphic model of interpersonal awareness, In *Proceedings of the western training laboratory in group development*, Los Angeles: University of California, Los Angeles

Markus, H. (1977) Self-schemata and processing information about the self, *Journal of Personality and Social Psychology*, **35**, 63-78

Montemayor, R., & Eisen, M. (1977) The development of self-conceptions from childhood to adolescence, *Developmental Psychology*, **13**, 314-319

Rogers, T. B. *et al.* (1977) Self-reference and the encoding of personal information, *Journal of Personality and Social Psychology*, **35**, 677-688

第4章　会話の成立要件

　会話をうまく成り立たせるには，どのようなことに注意する必要があるのだろうか．本章では，まず言語学の観点から会話の成立要件を考え，つぎに交流分析という考え方に基づいた会話のとらえ方を紹介する．さらに，かつてベストセラーとなった書籍から優れた会話のポイントを考察し，最後に会話場面での聞き手の役割について確認する．

● 4.1　会話のルールと共有知識

4.1.1　会話の公準

　私たちが他者と会話をする際には，暗黙のうちに相手と協調的なやりとりを行っている．言語学者のグライス（Grice, 1975）は，会話において成立している協調性の原則に関して，以下の4つの公準を挙げている．

　①量の公準：必要とされる十分な情報を提供せよ．必要以上の情報を提供するな．

　②質の公準：偽りと信じていることを言うな．はっきりとした証拠のないことを言うな．

　③関連性の公準：話題に関連することを述べよ．

　④作法の公準：不明瞭な表現やあいまいさを避け，簡潔に順序よく述べよ．

　会話の相手から「あなたのお名前を教えてください」と言われたとき，自分の名前を正しく答えるのがふつうである．もし，「私の名前の最初の文字は『あ』です」のように一部しか教えないとか，名前を答えた後に聞かれてもいない家族の名前まで言ったとしたら，それは量の公準に違反する．また，他人の名前や架空の名前を告げたとしたら，それは質の公準違反である．「私は勉強が苦手ですが，スポーツは得意です」のように，名前とは関係のないことを答えたとしたら，関連性の公準に違反している．「私の名前を逆さに読むと……」のように，わざとわかりにくく答えることは作法の公準に違反する．

　私たちは通常，これらの公準を守って会話をしているが，時には，公準違反の発話をすることもある．たとえば，1.1.6 項で解説した皮肉や嫌味は，文字通りの意味では質の公準違反になる．また，相手の話題がおもしろくないときに，わざと無関係のことを切り出し，関連性の公準違反を行うこともある．答えたくない質問に対して，まわりくどくわかりにくく答え，作法の公準違反をしている政治家もいる．報道番組で，キャスターの質問に対して自分の知識を長々とひけらかしている専門家の受け答えは，明らかに量の公準違反である．

4.1.2　共通基盤

　次の会話を見てほしい．

◎ 4-1
上司「例のやつ，どうだい？」
部下「はい，順調です」

◎ 4-2
夫「おい，あれ」
妻「はい，どうぞ」

　これらの会話で相互に伝達されている情報は，第三者にはまったくわからないであろう．しかし，会話をしている二者間では十分なコミュニケーションが成立している．私たちのコミュニケーションは，話し手と聞き手がお互いに共有している知識に基づいて情報が伝達される．この共有知識のことを共通基盤とよぶ．

　岡本（2001）は共通基盤の構成要素として，①共同体や集団などで共有されている知識，②コミュニケーション参加者固有の共通体験に基づく知識，③先行する発話内容，④コミュニケーション時の現前の環境の 4 つを挙げている．

　共同体・集団で共有されている知識の典型例は，地域独特の風習や方言である．あなたは，宮城県で交わされる以下のような会話を理解できるだろうか．

◎ 4-3
A「正月といえばナメタガレイだよね」
B「だから！」

宮城県や岩手県には正月にナメタガレイを食べる風習がある．A は，その
ことを述べている．また，B の「だから！」は，「だからどうした」ではなく，
「そうだよね！」と同意している地域特有の言い方である．

　共通体験がないためにコミュニケーションが成立しないこともよくある．あ
なたは，昨日のテレビドラマを見ていなくて友人たちの会話に入れなかったこ
とはないだろうか．それは，そのドラマを見たという共通体験がなかったから
である．また，途中から友人たちの会話に加わって，的外れな発言をしてし
まったという経験がある人もいるであろう．それは，先行する発話内容という
共通基盤がなかったためである．

　電話やインターネットを介したコミュニケーションでは，現前の環境が共通
基盤にならない．そのため，自分の周囲に存在する対象や場所を示す「それ」
や「あそこ」などの指示語が使えない．それが，電話やインターネットを介し
たコミュニケーションの難しさの原因の1つになっている．

◉ 4.2　相補的交流

4.2.1　交流分析の考え方

　交流分析はアメリカの精神科医エリック・バーンによって提唱された理論で
ある．交流分析では，人間はみな3つの自我状態を有すると考える．その3つ
とは「親（Parent）」「大人（Adult）」「子ども（Child）」である．

　「親」の自我状態は，過去において親の役割をした人をモデルに取り込んだ
思考や行動パターンを示す状態である．他者をコントロールしたり，他者の面
倒をみたりする．「大人」の自我状態は，現在の状況に対する自律的な思考や
行動パターンを示す状態である．ものごとを冷静にとらえ，論理的に考えて対
処する．「子ども」の自我状態は，過去において自分が体験した思考や行動パ
ターンを再現している状態である．子どものように自由奔放に行動したり，協
調性のある良い子としてふるまったりする．

　日常生活の中では，この3つの自我状態のいずれかが場面に応じて表面に表
れ，他者と相互作用を行う．たとえば，重い荷物をなかなか運べずに困ってい
るおばあさんがいたとしよう．あなたはおばあさんに「荷物を持ってあげま
しょうか」と声をかけ，荷物を運ぶのを手伝ってあげるだろう．このときは

「親」の自我状態が出ている．また，大学のゼミで他者の報告を聞き，「その箇所がよくわかりません」と質問したり，「私の調査結果では……です」と説明したりしているときのあなたは，「大人」の自我状態が出ている．そして，ゼミが終わり，友人たちと遊びに出かけて楽しく騒いでいるあなたは，「子ども」の自我状態である．

4.2.2　やりとり分析

　交流分析においては，二者間のコミュニケーションを分析する方法が確立されており，やりとり分析とよばれている．やりとり分析ではコミュニケーションは以下の3種類に分類される．

　①**相補的交流**　話者 X のいずれかの自我状態から送り出された言葉が，話者 Y のある自我状態に届き，話者 Y がその自我状態から話者 X の最初の自我状態に言葉を戻すようなコミュニケーションである．したがって，両者のやりとりは平行になる．図4.1はすべて相補的交流の例である．各自我状態は P，A，C として表記されている．いずれも普通の会話といえる．

　②**交差的交流**　話者 X のいずれかの自我状態から発せられたメッセージの行先とは異なる自我状態から話者 Y が反応を返すコミュニケーションである．図4.2に交差的交流の例を示す．(a) のように喧嘩になっているケース，(b) のように一方が相手の話を受け止めないケース，(c) のように一方の気持ちが受け入れられないケース，(d) のように的外れな回答をしてしまうケースなどがあり，コミュニケーションはうまくいかず，会話が途絶えてしまう．

　③**裏面的交流**　言語的なやりとりの裏側に，心理的なメッセージが存在するようなコミュニケーションである．図4.3はすべて裏面的交流の例である．心理的なメッセージは点線矢印で示されている．このメッセージは表情などに表れ，非言語コミュニケーションとして相手に伝わってしまう場合も多い．

　これら3種類の中で最も望ましい交流は相補的交流であることは明白である．交差的交流では，喧嘩になったり，コミュニケーションが途絶えたりする．裏面的交流では，本音が伝わることで気まずい雰囲気になることがあるかもしれない．

　その場にそぐわない会話をする人を「空気が読めない」とよぶことがある．

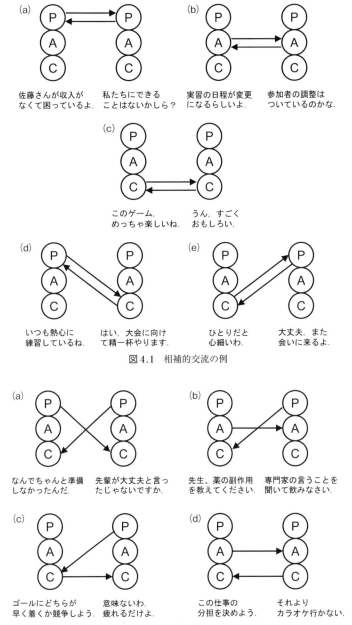

(a)

佐藤さんが収入が
なくて困っているよ.

私たちにできる
ことはないかしら？

(b)

実習の日程が変更
になるらしいよ.

参加者の調整は
ついているのかな.

(c)

このゲーム，
めっちゃ楽しいね.

うん，すごく
おもしろい.

(d)

いつも熱心に
練習しているね.

はい，大会に向け
て精一杯やります.

(e)

ひとりだと
心細いわ.

大丈夫，また
会いに来るよ.

図 4.1 相補的交流の例

(a)

なんでちゃんと準備
しなかったんだ.

先輩が大丈夫と言っ
たじゃないですか.

(b)

先生，薬の副作用
を教えてください.

専門家の言うことを
聞いて飲みなさい.

(c)

ゴールにどちらが
早く着くか競争しよう.

意味ないわ.
疲れるだけよ.

(d)

この仕事の
分担を決めよう.

それより
カラオケ行かない.

図 4.2 交差的交流の例

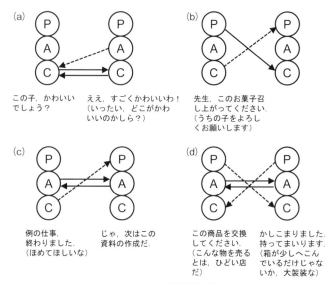

図4.3　裏面的交流の例

相手がどの自我状態から自分のどの自我状態に向けて発話を行ったのかを理解できずに発話を返すと，空気が読めない状態になるのかもしれない．

　普段のコミュニケーション場面で，自分の中に3つの自我状態があり，それが他者とやりとりをしているなどと考える人はほとんどいないであろうが，そのような考え方のもとに自分の会話をふりかえってみるのも新鮮であろう．

◉ 4.3 『生協の白石さん』から学ぶ

4.3.1 学生のコメントと白石さんからの返事

　2005年に『生協の白石さん』という本が出版された．白石さんという人物は，東京農工大学の生協に勤務していた職員さんなのだが，顧客（学生）が質問や要望を書く「ひとことカード」で，学生から寄せられたコメントに対して非常にユニークな回答をすることで話題となり，そのやりとりを集めて書籍化されたのである．そして，その本はたいへん売れてベストセラーになった．

　白石さんは学生のどのような質問にどんな回答をしたのであろうか．学生から実際に寄せられた3つの質問や要望の例を以下に示そう．あなたが生協の職

員だったらどう答えるか考えてみてほしい．何と答えてよいか困ってしまうのではないだろうか．

◎ **4-4**
学生Ａ：単位がほしいです　（白石他，2005，25頁）
学生Ｂ：愛は売っていないのですか……？　（白石他，2005，33頁）
学生Ｃ：マサくんが最近，「そこそこのリアリティ」を追求してます．生協にはそういうものをおかないんですか？　（白石他，2005，56頁）

図4.4に，これら3つを含む合計6つのやりとりを，書籍『生協の白石さん』から抜粋して示す．この本には，このようなウィットに富んだやりとりがたくさん収められている．次項では，私がこの本を読んで感じとった白石さんの素晴らしさについて，図4.4の例を引きながら紹介したい．

4.3.2　白石さんの対話力

①**傾聴的態度**　白石さんの受け答えの中には，学生が書いた内容の一部をそのままオウム返しのように記述しているものが多く見られる．事例Ａの「そうですか，単位，ほしいですか．」や，事例Ｄの「そうですか．アクティブに絡んできますか．」がそうである．相手が述べたことに対して，「私はあなたの言葉を受け止めて理解しましたよ」と表明しており，傾聴的態度を示すものである．これは，カウンセリングの手法の1つである来談者中心療法のカウンセラーの受け答えにとても似ている．来談者中心療法とは，来談者すなわちクライエントを中心にカウンセリングを進めていくやり方で，カウンセラーの仕事は話を聞くことである．そのため，カウンセラーはクライエントに対して指示を出さず，傾聴的態度を示し続けて，クライエント自身が自分で気づきを得ていくようなカウンセリングとなる．白石さんが来談者中心療法を知っていたのか，それとも経験的に身についたのかはわからないが，相手に対して傾聴的態度を示す受け答えは見習うべきものであろう．

②**相手とレベルを合わせる**　対話するうえで相手とレベルを合わせることは非常に重要である．事例Ｃで「愛は売っていないのですか」と質問している学生は，愛がどこかに売っているかもしれないと思っているわけではない．知らないふりをして質問をしているのである．そうであれば，回答者も知らない

A

単位がほしいです
[所属] ----- [お名前] -----

そうですか、単位、ほしいですか。
私は、単車がほしいです。
お互い、頑張りましょう！

B

車欲しいです 売って下さい
[所属] P [お名前] 矢澤博之

ご要望ありがとうございます。
　自動車の売買について、生協は取扱しておりません。
　ご参考までに、当店にて「クルマ選びの決定版 最新マイカー選び」という本を販売しておりますので、ご検討の一助となれば幸いです。

C

愛は売っていないのですか…？
[所属] --- [お名前] 地中海性気候

どうやら、愛は非売品のようです。
　もし、どこかで販売していたとしたら、それは何かの罠かと思われます。
　くれぐれもご注意下さい。

D

ローカですれちがうだけで、プーさんがアクティブにからんできます。どうしたらいいですか？
[所属] ----- [お名前] 迷える子羊

プーさんとは、"くまのプーさん"ですか？
　そうですか。アクティブに絡んできますか。子羊さんも命懸けですね。
　手助けしたいのもやまやまですが、食物連鎖に手を加えてしまうと、自然のバランスが損なわれてしまい、生協の理念にも反してしまうので、ここは温かく見守る事とします。

E

マサくんが最近、「そこそこのリアリティ」を追求してます。生協にはそういうものをおかないんですか？
[所属] ----- [お名前] モッチー

ご質問、ありがとうございます。
　解釈が間違っていたら申し訳ないのですが、「〜風味」という食べ物も、ある意味そこそこのリアリティ。
　例えば当店販売中のうまい棒は、全13種類。求道者のマサさんにもおすすめしてみて下さい。

F

白石さん 好きっす。
[所属] ----- [お名前] -----

光栄っす。

図4.4 学生のコメントと白石さんの回答（白石他，2005『生協の白石さん』複数頁より抜粋）

ふりをして答えたほうがよい.「どうやら，愛は非売品のようです。」はまさに知らないふりをした回答であり，「私も，愛がどこかに売っているかどうか，いろいろ調べてみたのですが，どうやら愛は非売品のようです」と伝えている.もし「愛がどこかに売っているわけないじゃないですか」と答えてしまったとしたら，学生はがっかりするであろう.それではレベルが合っていない.

「ふり」を「ふり」で返すことが重要なのだ．事例Fも，相手にレベルを合わせた最高の回答になっている．「光栄です」ではなく，「光栄っす」と答えてくれるから，コメントを書いた学生はうれしいのである．

　③**豊かな連想力**　白石さんの連想能力の高さについては，すぐに気づいたことだろう．事例Aは，単位から単車へと「単」つながりにすぎないが，事例Eでは，そこそこのリアリティから「〜風味の食べ物」へと連想を発展させている．極めつけは事例Dで，名前の「迷える子羊」に注目し，プーさんが羊にアクティブに絡むと，子羊は命懸けだが，それは食物連鎖で，もし手を加えると自然のバランスが損なわれ，生協の理念にも反する，と次から次へと連想がつながる．こうした連想力に関して白石さんは，この書籍の冒頭（ある記者が書いたコメントの中）で「その場で思いついたことを書いているだけ」と述べている．白石さんは非常に頭の回転の速い人なのだろう．

　④**相手への思いやり**　図4.4に挙げたのはたった6つの事例にすぎないが，これらを読んで，白石さんは「いい人」だと思った人がほとんどだろう．それは相手への思いやりが表れているからである．まず，「ありがとう」という言葉が目立つ．事例Bでは，無茶な要望が書かれているが「ご要望ありがとうございます」からはじまる．事例Eでも，よく理解できない質問に対して「ご質問，ありがとうございます」と返している．どんな内容であっても，コメントしてくれた人は時間と手間をかけて書いてくれたわけである．まずその努力に「ありがとう」ではないか．白石さんはそれができている．また，事例Aでは「ありがとう」という言葉はないが，最後に「お互い、頑張りましょう！」と，単位が足りず困っている学生の気持ちを察して，相手を励ましている．

　⑤**さりげないアピール**　これは生協の職員さんだから当然なのだが，さりげなく商品を薦めることで自分の仕事をしている．事例Bでは車の代わりに「クルマ選びの決定版　最新マイカー選び」という雑誌を，事例Eではそこそこのリアリティとして「うまい棒」を薦めている．本務を忘れてはいない．

　以上は私が感じた白石さんの素晴らしさである．もしあなたがこの本を読んだら，また別の素晴らしさを発見できるかもしれない．白石さんの受け答えから学ぶことは多い．他者と会話をするとき，何が大切なのか，それを教えてくれる良書である．

● 4.4　相手のために反応しよう

4.4.1　聞き手の反応で話し手の気持ちはどう変わる

　2人で会話実験をしてみよう．一方が話し手，もう一方が聞き手になって，話し手が1分ほど話し，聞き手はそれを聞く．その際，聞き手にはある特定の反応をしてもらう．それによって，話し手側がどんな気持ちになるかを試す実験である．そして，前半後半で役割を入れ替えよう．つまり，どちらも話し手と聞き手の役を経験する．聞き手の反応として以下の3種類を順番に行おう．話す内容は何でもよいのだが，仮に以下のような内容を指定しておく．

　第1段階では，聞き手の反応は無表情，話し手が話す内容は最近の出来事とする．最近のどのような出来事でもかまわない．体験談でも見聞きした話でもよい．聞き手は話し手の話にまったく反応してはいけない．無表情・無言を貫いてほしい．視線は相手に向けても向けなくてもよい．会話例を以下に示す．

◎ 4-5
話し手「昨日，ファミレスに行ったんだ」
聞き手「……」（無表情）
話し手「それで，ステーキ定食を食べたんだ」
聞き手「……」（無表情）

　第2段階は，聞き手の反応はオウム返し，話し手が話す内容は高校時代の思い出とする．話し手は自分の高校時代を思い出し，勉強，部活，学校行事，友人関係など覚えていることを話す．聞き手は，その話を聞きながら，ところどころでオウム返しで言葉を返そう．一言一句同じでなくてよい．

◎ 4-6
話し手「高校のとき，野球部だったんだよ」
聞き手「あ，野球部だったんだ」
話し手「ポジションは，サードでね」
聞き手「サード守ってたんだ」

　第3段階は，聞き手の反応は全否定，話し手が話す内容は自分の好きなこととする．自分の好きなことを話し，それを相手から否定されるという究極の会話になる．どのような否定の仕方でもかまわない．

◎ **4-7**
話し手「私，ネコが好きなの」
聞き手「ネコ？　なんでネコなんか好きなの？　ばかじゃない」
話し手「家でネコ飼っててね，すごくかわいいんだ」
聞き手「へー，全然かわいいと思わないけど」

　話し手になったときの気持ちはどうだったであろうか．3種類のうち，どれが最も嫌で，どれが最も話しやすかったであろうか．実はこの感想は人によって異なる．多くの人はオウム返しが話しやすいという．前節で解説した傾聴的態度である．ただし，「オウム返しは，事務的に反応しているようで，本当に聞いているのか疑わしく感じる」という人や，「オウム返しによって話すペースを乱される」と答える人もいる．一方，全否定については嫌う人が多いのであるが，「相手が否定してくるので，自分の好きなことの良さを認めさせようと頑張って話したくなる」と答える人もいる．無表情に関しては，それが良かったという人はきわめて少ない．やはり，相手がなんらかの反応を示してくれないと，話し手としては悲しい気持ちになるようである．どんな形であっても，相手に反応してほしいという心理が働く．SNSで既読スルーが嫌がられるのは，発信者の立場としては当然の心理といえるかもしれない．

4.4.2　上手に相槌を打とう

　聞き手の反応の中で重要な役割を果たすのが相槌である．しかし，どのように相槌を打てばよいのであろうか．単に，話のところどころで「うん」と言えばよいわけではない．福田（2006）は，聞き手の相槌を以下の5種類に分類している．
　①同意：相手の話を肯定し，同意を示す相槌である．会話では頻繁に用いられる．「ええ」「そうですね」「確かにね」など．
　②促進：話し手が戸惑ったり，話が途切れそうになったりしたとき，さらに話すよう促す相槌である．「それから」「それで」「たとえばどんなことですか」など．
　③整理：相手の話を整理するための相槌である．ただし，相手の話をよく聞いていて正しく理解したうえで，うまく整理する必要がある．「言いたい

ことはこれとこれですね」「つまり……の原因は……ということですね」など.

④共感：相手の話がなんらかの感情を伴うものである場合，相手に共感し，自分も同じ立場であったらそのように感じるであろうことを示す相槌である．「私もそう思うよ」「大変だったね」など.

⑤驚き：相手の話が自分に対して驚きを与えるような内容を含む場合に，素直に驚きを示す相槌である．「へえ，そうなんだ」など.

以上のように，相槌には種類がある．それらをうまく使い分けながら，話し手のために反応をすることが大切であろう.

文　献

福田健（2006）『「場の空気」が読める人、読めない人―「気まずさ解消」のコミュニケーション術』，PHP 研究所

Grice, H. P. (1975) Logic and Conversation, In P. Cole, & J. L. Morgan (Eds.), *Syntax and Semantics*, Vol. 3, Speech acts (pp. 41-58), New York: Academic Press

岡本真一郎（2001）『ことばの社会心理学［第2版］』，ナカニシヤ出版

白石昌則・東京農工大学の学生の皆さん（2005）『生協の白石さん』，講談社

第5章 言語理解過程

　言語理解は人間の優れた能力の1つであり，それが頭の中でどのように行われているかを解明することは認知心理学の重要なテーマとなっている．対象とする言語単位ごとに，これまで多くの研究が行われてきた．本章では，最も小さな意味の単位である「単語」から，それが集まって成立する「文」，さらに複数の文からなる「文章」の順に，それらの認知や理解がどのような仕組みで成立するのかについて解説する.

◉ 5.1　単　語　認　知

5.1.1　心内辞書と自動的処理

　「りんご」という文字列を見たとき，あなたはそれが何のことであるか一瞬でわかるであろう．その文字列を頭の中で検索し，その読み方や意味を取り出しているのである．私たちは頭の中に，自分が知っている単語についての辞書をもっている．これを心内辞書とよぶ.

　では，あなたの心内辞書にはいくつの単語が登録されているであろうか．どのようにすれば，それを調べることができるであろうか．まず，日本語の辞書を用意する．その中からランダムに200語を抽出したとする．そのうち，あなたが知っている単語をカウントすると120語だったとしよう．つまり60％である．この結果から，辞書に掲載されている全単語のうち自分が知っている単語数を推定できる．掲載語数が10万語だったとしたら，推定語彙数は6万語ということになる．このような方法で推定を行った研究によれば，成人の場合，心内辞書内の登録単語数は5万語程度と推定されている（阿部他，1994）．人間の単語認知は，頭の中にある5万という膨大な数の単語の中から，一瞬のうちに目的の単語を探し当てる作業である.

　単語認知は高速であると同時にきわめて自動的な処理過程である．いま，「あか」「あお」「きいろ」のような色彩を表す文字列が，その意味とは異なる色で表記されているカードが何枚もあるとしよう（たとえば赤色で「あお」と

表記されているなど）．あなたがそのようなカードをつぎつぎと見せられて，
文字列の“色”をできるだけ素早く答えるよう求められても，文字列の“読み”
に影響を受けて，正しく色名を答えられなかったり，回答が遅れてしまったり
する．これは，“色”と“読み”の認知的葛藤が生じるためであり，ストルー
プ効果とよばれている．文字列を見ただけで自動的に頭の中で検索が行われ，
単語としての読みが活性化してしまうのである．このことから，単語認知はほ
ぼ自動的に生じる過程であることがわかる．

5.1.2　部分と全体の相互作用

　単語認知においては，まず単語を構成する部分（書き言葉の場合は文字，話
し言葉の場合は音素）が認知され，それを寄せ集めた結果として単語全体の認
知が成立するように思われる．もちろん，そのような情報処理の方向性がある
ことは疑う余地がない．しかしながら，その逆の処理の方向も存在する．すな
わち，単語全体の認知が成立することで，文字や音素の認知が促進されるので
ある．以下では，2 つの現象を例に挙げながらそのことを解説する．

　①単語優位効果　文字列を構成している各文字の知覚されやすさは，その文
字列が全体として単語になっているかどうかで異なる．たとえば，WORK の
K のほうが ORWK の K よりも知覚されやすい．レイチャー（Reicher, 1969）
は，実験参加者に上記のような文字列を 50 ミリ秒（0.05 秒）前後のごく短時
間だけ瞬間提示し，直後に同じ場所に視覚的妨害刺激を提示して文字列を隠し
た（これを視覚マスキングという）．この手続きでは一般的に実験参加者には
文字列がほとんど見えない．そして，妨害刺激の上方に文字を 2 つ提示し，ど
ちらが隠された文字列に含まれていたかを判断させた．実験の手続きを図 5.1
に示す．実験の結果，文字列が単語である場合のほうがそうでない場合に比べ
て判断の正解率が高いことが明らかとなった．この現象は単語優位効果とよば
れている．文字列全体が単語として認知されることによって，その部分である
文字の認知が促進されるのである．

　②音素復元効果　もし音声を編集できるソフトをお持ちであれば，以下のよ
うなことを試してもらいたい．ある単語の音声データに対して，どこかの 1 つ
の音素を完全に消去し，代わりにその部分にノイズを挿入する．たとえば，

図5.1　単語優位効果を検証する実験の手続き（御領, 1987 を一部改変）

「とうほくだいがく」の「だ」の音を消去し，その空白部分にノイズを挿入する．物理的には「とうほく（ノイズ）いがく」となるわけである．この状態で，単語全体を聞いてみてほしい．もちろんノイズは聞こえるのだが，驚くことに，消したはずの音素「だ」がノイズの中で明瞭に聞こえ，「とうほくだいがく」となめらかに聞こえてしまうのである．この現象は音素復元効果とよばれている．私たちは，音素が一部欠けていたとしても，単語全体の認知が成立すれば，そこから実際には存在しない音素を自動的に補完し，あたかもその音素が存在しているかのように認知してしまう．

5.1.3　単語認知に影響する単語特性

　単語認知は自動的な処理過程であるが，認知速度に影響を及ぼす要因が存在することがわかっている．
　①表記形態の効果　日本語には，漢字，ひらがな，カタカナの3種類の表記文字がある．こうした表記形態の違いが単語認知に影響する．「机」「つくえ」「ツクエ」は，いずれも同じ意味を表す単語であるが，認知しやすいのは「机」か「つくえ」である．「ツクエ」は認知が遅れる．外来語はカタカナで表記されていると認知しやすいが，ひらがな表記では認知しにくい（アイロン vs あいろん，インク vs いんく）．アルファベットの表記形態には大文字と小文字の区別がある．表記形態を変化させた「nhk」「Nhk」「NHK」を比べると「NHK」が最も速く認知できる．
　単語はいかなる表記形態であっても同様に認知されるわけではない．見慣れ

た表記形態で記されている場合に認知が容易になる．大人にとって小学生の書いた文章が読みにくいのは，一般に漢字で表記されるはずの単語がひらがなで表記されていることがあるからである．また，PCやスマートフォンで文章を書く際に，ひらがなを容易に漢字変換できるため，漢字を多用した文章を作成する人がいるが，それは良くない行為である．表記形態の効果を考慮すれば，その言葉が一般に漢字表記されることが多いのか，仮名表記されることが多いのかで，漢字と仮名を使い分ける必要がある．それが読み手にやさしい文章を作成するための重要な要件である．

②**出現頻度の効果**　日常的によく使用される単語は，あまり使用されない単語に比べて認知しやすい．たとえば，「日本」や「社会」という単語は，同じ漢字で始まる「日当」や「社運」に比べて，出現頻度が高いため認知しやすい．

③**親密度の効果**　親密度の高い単語はそうでない単語に比べて認知しやすい．単語の親密度は出現頻度と関係しているが，たとえ出現頻度が高くなくとも自分にとってなじみ深い単語は認知しやすい．私のような認知心理学者は，「認知」や「心理」という単語は親密度が高いため認知しやすいが，あなたにとっては必ずしもそうでないかもしれない．

5.1.4　単語認知における文脈効果

私たちがふだん単語を認知する際には，1つの単語が単独で提示されることはまれである．ほとんどの場合，なんらかの文脈のもとに単語が出現する．単語認知はその文脈の影響を受ける．

単語認知における文脈の影響を示す代表的な実験として，意味的プライミング効果の実験を挙げることができる．この実験では，PC画面に2つの文字列が連続で提示され，実験参加者は後続の文字列に対してそれが実際に存在する単語であるかどうか（Yes／No）を素早くキー押しで判断する．このような課題は語彙判断課題とよばれている．実験の結果は，連続する2つの文字列がいずれも単語でそれらの間に意味的な関連性がある場合に，後続の単語に対するYes判断が速くなる．たとえば，「消防車」の後に「火事」が提示される場合と，「看護師」の後に「火事」が提示される場合とを比べると，「火事」に対す

る反応は前者のほうが速くなる．先行する単語が文脈として働き，後続の単語の認知を促進するわけである．

文による意味的文脈も単語認知に影響を及ぼす．「1月の札幌で降りしきる■」と書かれていたとしたら，■は何を想像するであろうか．「雪」と答える人が多いだろう．しかし，「雨」も可能であるし，まれな状況ではあるが「灰」も入らないわけではない．このような文を用いて，実験参加者に「1月の札幌で降りしきる」を提示した後，■の箇所に「雪」「雨」「灰」のいずれかを瞬間提示するとしよう．提示する時間を，まったく見えないほどの短時間から徐々に長くしていくと，「雪」が最も早く判読可能になる．こうした，提示刺激がどれだけのレベルで認知可能になるかを調べる実験では，そのレベルのことを認知閾とよんでいる．つまり，上記の例では「雪」の認知閾が最も低い．このような実験を行うことで，単語認知に及ぼす意味的文脈の影響を検証することができる（たとえば，Morton, 1964）．

◉ 5.2 統語解析と文理解

5.2.1 統語知識と統語解析

次の文例を見てほしい．

◎ 5-1

(A) 美しい　白鳥が　真冬の　湖に　舞い降りた
(B) 明るい　交代が　病院の　空に　駆け込んだ
(C) 登った　乾燥した　銀に　腰痛を　締め切りは

(A) は意味が理解できる文である．(B) と (C) は，いずれも文の意味は理解できないが，(C) がランダムな文節の並びであるのに対して，(B) はそれぞれの文節が日本語としての文法的な規則に従って並んでおり，あたかも比喩的に何かを述べているような文として読めてしまう．私たちは，文の構成要素である名詞，動詞，助詞などがどのように結合して文が形作られるかについての知識をもっている．この知識を統語知識という．そして，統語知識を用いて文の構造を同定する処理のことを統語解析という．(B) は統語解析で構造が同定できる文である．

5.2.2　句構造規則

　統語知識に関して，言語学者のチョムスキー（N. Chomsky）は句構造規則とよばれる表現体系を提案した．以下にその一部を示す．

◎ 5-2

文 → 名詞句＋動詞句
名詞句 → 冠詞＋名詞
動詞句 → 動詞＋名詞句
冠詞 → a, the
名詞 → boy, girl, ball
動詞 → hit, like

　これらにおいては，矢印の左側の要素が右側の要素によって成立するということを表している．たとえば，最初の規則は，「文は名詞句と動詞句から成る」ことを示している．句構造規則は，左側の要素がどのような別の要素に書き換えることができるかを示すという意味で，書き換え規則とよばれることもある．

　句構造規則を用いれば，「The boy hit a ball」を構成する要素間の相互関係は図5.2のような木構造として表すことができる．統語解析とは，こうした木構造を作り上げる過程と考えてもよいだろう．

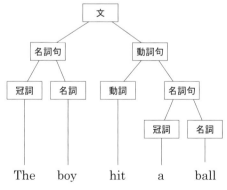

図5.2　「The boy hit a ball」の統語構造

5.2.3 ガーデンパス現象

　次の文をいったん全部隠し，左から1文節ずつ確認しながらゆっくりと読んでみてほしい．

◎ 5-3

幸恵は　慎二を　食事に　誘った　優子が　嫌いだった

　さて，どうだったであろうか．多くの人は「誘った」を読み終えた時点で文が完結したと思ってしまい，その後に「優子が」が続いたとき当惑したであろう．そして，あわてて最初から読み直したのではないだろうか．このような文を，読み手にアイカメラを装着して読んでもらい，眼球運動を測定すると，文節「優子が」で視線の停留が生じたり，そこから視線が文頭に逆戻りしたりする．つまり，文の処理の停滞や読み直しが生ずるのである．文処理の途中で生ずるこうした現象のことをガーデンパス現象とよび，それを引き起こす文のことをガーデンパス文とよぶ．

　ガーデンパス文においては，処理のやり直しが生ずる直前の段階で，少なくとも2つの統語構造を仮定することができる．上の例では，「誘った」に対する主語が，①「幸恵」である可能性と②その後に続く名詞句である可能性である．もし読み手が，潜在的に可能なすべての構造を構築しながら統語解析を進めているとすれば，処理のやり直しは必要ない．つまり，「誘った」の後に「優子が」が続いた時点で，①の構造を放棄し，②の構造で解析を続ければよい．しかし，実際には統語解析のやり直しが起こる．このことは，統語解析において人間は複数の可能性を追求しながら処理を進めているわけではないということを示している．①と②とを比較すると，統語構造は①のほうが簡単なものになる（図5.3）．したがって，私たちはより簡単な木構造を優先的に構築し，処理を進める傾向があるといえる．

　ガーデンパス文はいうまでもなく悪文である．読み手のことを考えれば，そのような文を書かないよう気をつけたいものである．

5.2.4 文の意味の理解

　単語において多義語が存在するのと同様，文においても多義文が存在する．

◎ 5-4

彼女は目を輝かせて話し続ける彼を見つめていた.

　この文では「目を輝かせて」いるのが「彼女」なのか「彼」なのかわからない.「目を輝かせて」が「話し続ける」と「見つめていた」のどちらを修飾しているのかが曖昧であり,統語構造上の多義性をもつ文である.

　一方,構造上の多義性がないにもかかわらず多義的な文も存在する.

◎ 5-5

学者の話はつまらない

　この文は,文の統語構造は 1 通りだが, 2 つの意味が考えられる.「学者がする話はつまらない」と「学者についての話はつまらない」である.こうした意味的多義文が存在する一方で,能動文と受動文のように,統語構造は異なるが同じ意味をもつ文も存在する.

　文の理解とは,統語解析で文の構造を同定するだけでなく,文によって表されている「意味」をとらえる過程である.文理解において,頭の中にどのような意味が構築されるのかについては,命題表象理論の考え方が有用であろう.

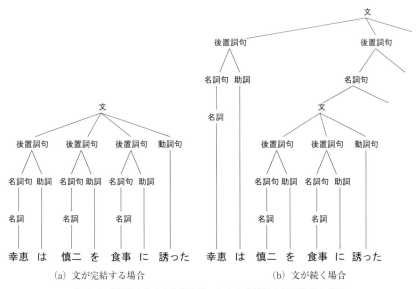

図5.3　「幸恵は慎二を食事に誘った」の 2 種類の統語構造の表現

命題表象理論では，文の意味は命題という単位を基本としてネットワーク状に表現できると考えている．命題は，簡単にいえば単文で表される意味であり，1つの述語（動詞や形容詞など）と1つ以上の項（おもに名詞）から成る．そして，述語と各項とは格関係（Fillmore, 1968）によって関連付けられる．格関係は，各項が述語に対してどのような意味的な役割を果たしているのかを表す．たとえば，「太郎は花子に本を贈った」という命題では，「贈った」という行為に対して，「太郎」は主体，「花子」は目標，「本」は対象という役割を果たしている．同じ意味を表す文であれば，たとえ文節の順序が異なっていても，文の態が異なっていても，格関係は同じである．結局，文の意味の理解とは述語を中心とした格関係を同定していく過程といえる．

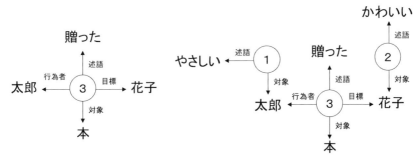

(a)「太郎は花子に本を贈った」の図的表現

(b)「やさしい太郎はかわいい花子に本を贈った」の図的表現

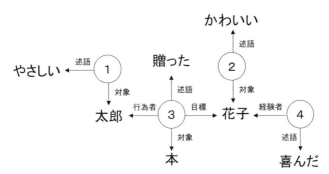

(c)「やさしい太郎はかわいい花子に本を贈った．花子は喜んだ」の図的表現

図5.4 命題表象理論における意味のネットワーク表現

「太郎は花子に本を贈った」は1つの命題から成る文であり，図5.4（a）のように表現できる．また，「やさしい太郎はかわいい花子に本を贈った」という文は，3つの命題（「太郎はやさしい」「花子はかわいい」「太郎は花子に本を贈った」）から成っており，図5.4（b）のように，各命題が共通の項（太郎，花子）を介して連結された形で表現することができる．さらに，この後に「花子は喜んだ」という文が続くならば，新たな命題を組み込んで図5.4（c）のように表現を拡張すればよい．

以上のように，命題表象理論に基づけば，文や文章の理解とは命題の連結ネットワークを形成する過程であるといえるだろう．

◉ 5.3 文 章 理 解

5.3.1 一貫性の確立

まず，以下の文章を読んでもらいたい．

◎ 5-6

佐藤はだれよりも祖父のことが心配であった．さっそく会長に連絡をとると，快諾してもらえた．早くみつければみつけるほどいい．皆，寒さでガタガタと震えていた．近年増加してきているのはテクノストレスである．日本の組織や集団は，等質性を重視して構成されることが多い．だからといって，人間は必ず過信するものだというのではない．

これは複数の異なる書物から抽出した文を並べた寄せ集めにすぎない．しかし，あなたがこれを読んだとき，少なくとも最初の何文かについては，文と文とがどのようにつながっているのかを推測しながら，理解しようと努力したであろう．もちろん，途中からこれは変であると感じ，文章の理解をあきらめたことだろう．

私たちが文章を読む際には，文と文とがどのような関係にあるのかを考え，それらのつながりを見出しながら理解を進めていく．そして，全体として首尾一貫した意味のまとまりを頭の中に作り上げる．文章理解とは，こうした一貫性のある意味表象を構築する過程である．

5.3.2 知識と推論

1.4 節で，言語を理解するためには知識が必要であり，知識を活性化することが重要であることを解説した．文章理解には知識の存在が不可欠である．私たちは，さまざまな知識を活性化しながら，文章の内容を理解している．その結果，実際には述べられていないことを推論することが可能となる．以下の例を見てほしい．

◎ 5-7
（A）彼は東北を旅行した．青森が美しかった．
（B）彼は北海道へ出張した．飛行機はすいていた．
（C）彼は空腹だった．そこでキャッシュカードを探した．
（D）彼はステーキを注文した．彼は大変満足して店を出た．

（A）では，青森は東北の一部であるという知識を使い，2つの文のつながりを見出している．（B）では，北海道への交通手段は一般に飛行機が用いられるという知識を使い，彼が飛行機を利用したことを推論している．（C）では，彼は何かを食べたくて，食料を得るために，キャッシュカードでお金をおろそうとしていることが推論される．それを可能にしているのは，目標と手段に関する知識である．すなわち，食べるためには食料を入手する，食料を入手するためにはそれを買う，買うためにはお金がいる，お金を得るためには ATM で現金をおろす，といった一連の知識が推論を可能にしている．（D）は，レストランスクリプト（1.4.2 項を参照）を用いることで，レストランで起こる一連の出来事の推論が可能になる．たとえば，彼はステーキを食べたであろうとか，彼はお勘定を支払ったであろうといったことが推論できる．

つぎに，以下の文章を読んでもらいたい．

◎ 5-8
メアリーはアイスクリーム屋のやってくる声を聞いた．彼女はお小遣いのことを思い出した．彼女は家の中にかけ込んだ． [Rumelhart & Ortony, 1977 より]

では質問である．メアリーはなぜ家にかけ込んだのだろうか．多分あなたは，アイスクリームを買うためにお小遣いを取りに行ったのだと答えるであろう．しかしながら，そのような記述はどこにもない．あなたが文章を読んでそう推論したにすぎないのである．では，メアリーをどのような人だとイメージ

しただろうか．小さな女の子だと思ったであろう．しかし，そのことも明確には述べられていない．あなたの勝手な推論である．もちろん，そうした推論はおそらく間違ってはいないであろう．私たちは，実際に述べられている以上のことを推論で補い，文章全体を理解しているのである．

5.3.3　文章理解における視点

　文章はいろいろな視点から読むことができる．物語文であれば，主人公の視点で読むこともできるが，別の登場人物の視点で読むこともできる．登場人物ではない第三者の視点で読むことも可能である．説明文であれば，その説明をどのような立場の人間として読むかで視点が変わる．では，視点の違いは文章理解にどのような影響を及ぼすのであろうか．

　カーキネンら（Kaakinen, et al., 2002）は，実験参加者に4つの小さな国（ピトケアン諸島，アンギラ，アンドラ，ホンジュラス）について対比的に述べられた説明文を提示し，「ピトケアン諸島で暮らす予定の科学者」または「ホンジュラスに住む予定の労働者」の視点で読むように教示した．実験参加者は自分のペースで説明文を読み，約15分後に，文章を思い出して記述した．なお，読解時には読み手の眼球運動が測定されていた．実験の結果，読み手は自分に与えられた視点に関連した情報をより長く凝視しており，思い出した情報も自分の視点に関連するものが多かった．

　文章中の情報は，読み手の視点のもとで処理される．読み手は自分の視点に関連する情報に対して，より注意を向け，時間をかけて処理し，それを記銘するのであろう．

　一方，文章を思い出す際に与えられる視点も影響力をもつ．アンダーソンとピチャート（Anderson & Pichert, 1978）は，裕福な家の内部の様子を述べた文章を用いて，それを「泥棒」または「不動産屋」の視点で読む実験を行った．実験参加者は2つの視点のいずれかを与えられて文章を読み，同じ視点のもとで物語を思い出して記述した．その後，半数の参加者は同じ視点，残り半数の参加者はもう一方の異なる視点を与えられて，新たに思い出せる情報を記述した．実験の結果，1回目の想起では読解時に与えられた視点が影響し，泥棒視点では泥棒にとって重要な情報が，不動産屋視点では不動産屋にとって重

要な情報が多く思い出された. そして, 2回目で与えられる視点が変わった場合は, その視点に合致する情報が新たに記述される傾向があった. たとえば, 泥棒視点が不動産屋視点に変わることで, 1回目には思い出せなかった「庭がきれいに手入れされている」や「上の階に寝室が3つある」といった情報が新たに思い出されたのである. 一方, 視点が変わらなかったグループでは新たな情報はほとんど思い出せなかった.

このことは, 視点は文章理解時に影響を及ぼすのみならず, 記憶から情報を取り出す際にも役割を果たすことを示している. 理解時には視点との関連性が低い情報であったとしても, それがいったん記憶されれば, 思い出すときにそれに合致する視点が与えられることによって, 記憶から取り出すことが可能になると考えられる.

5.3.4 状況モデルの構築

ここまで見てきたように, 人間の文章理解とは, 文章そのものを頭にインプットすることではない. 読み手が自分なりの視点で, 関連する知識を活性化し, 実際には述べられていない情報を推論しながら, 全体として一貫性のある意味の表象を頭の中に構築する過程である. したがって, 構築される意味表象は, 文章によって明示的に述べられている意味をはるかに超えた豊かな表象であり, 文章によって描写される状況全体のモデルであるといえる. この表象は状況モデル（van Dijk & Kintsch, 1983）とよばれている.

つぎの文章を読んでみてほしい.

◎ 5-9
彼は機械に千円札を3枚挿入した. 彼女は彼に1500円を渡そうとした. しかし彼は受け取るのを拒否した. そこで二人が中に入ったとき, 彼女は大きなポップコーンの袋を彼に買ってあげた. [Collins, *et al.*, 1980より, 一部改変]

理解できた人もできなかった人もいるであろう. 理解できた人はこの文章で述べられている状況全体がわかったはずである. この文章は映画館での出来事を述べている. 理解できなかった人は, 文章そのものはわかるのだが, 全体としての状況の把握ができなかったであろう. 状況モデルが構築できなければ納得のいく理解はできないのである.

5.3.5　シミュレーションとしての文章理解

　文章を読んでいる間，読み手はそこで述べられている事物や行為の知覚的・運動的特性をシミュレートしているとする考え方がある．もしそうであるならば，シミュレーションが読解直後に行う課題に影響を及ぼす可能性がある．たとえば，言及された事物を示す絵を提示し，それが読んだ文章中に含まれていた事物であるかどうかをできるだけ素早く判断させる課題を行ったとき，絵の様子がシミュレートした状態と一致している場合には，そうでない場合に比べて，素早い反応ができると予想される．スタンフィールドとズワーン（Stanfield & Zwaan, 2001）は，読み手に（A）または（B）のような文を読ませた直後に，図5.5に示すような2種類の釘の絵のいずれかを提示し，文に含まれる事物かどうかの判断を求めた．

◎ 5-10
（A）彼は釘を壁に打ち付けた．
（B）彼は釘を床に打ち付けた．

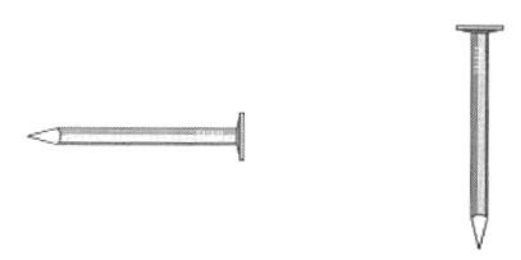

図5.5　垂直な釘と水平な釘

　いずれの文も「釘」を含んでいるので，どちらの図を提示されても「Yes」と反応しなければならない．しかし，シミュレーションとの一致という点では，水平の釘は（A）に，垂直の釘は（B）に一致する．実験の結果，釘の方向が一致する場合に反応時間が短いことが明らかとなった．この結果は，読み手が文によって描かれた状況の知覚的なシミュレーションを行っていることを示唆するものである．

　一方，運動的シミュレーションを行っている可能性を示唆する証拠として，ホークら（Hauk et al., 2004）のfMRIによって脳活動を計測した研究を挙げることができる．彼らは，足，指，舌を実際に動かす場合と，行為を表す言葉（蹴る，摘み取る，なめるなど）を読む場合とで，脳の活動を比較した結果，活動範囲の広さの点で違いはあるものの，言葉を読むことによって活性化する部位は，実際に動かしたときに活性化する部位とほぼ同じであることを報告している．

　シミュレーションの考え方に基づけば，読み手は文章中で述べられているとおりに，頭の中で自分自身の目を働かせ身体を動かしているといえよう．文章理解は，そこで描かれている状況の疑似体験といえるのかもしれない．

文　献

阿部純一 他（1994）『人間の言語情報処理―言語理解の認知科学』，サイエンス社

Anderson, R. C., & J. W. Pichert (1978) Recall of previously unrecallable information following a shift in perspective, *Journal of Verbal Learning and Verbal Behavior*, **17**, 1-12

Collins, A. *et al.* (1980) Inference in text understanding, In R. J. Spiro *et al.* (Eds.), *Theoretical Issues in Reading Comprehension* (pp.385-410), Hillsdale, NJ: Erlbaum

Fillmore, C. J. (1968) The case for case, In E. Bach & R. T. Harms (Eds.), *Universals in Linguistic Theory* (pp. 1-88), New York: Holt, Rinehart and Winston（田中春美・船城道雄 訳（1988）『格文法の原理―言語の意味と構造』，三省堂）

御領謙（1987）『読むということ』，東京大学出版会

Hauk, O. *et al.* (2004) Somatotopic representation of action words in human motor and premotor cortex, *Neuron*, **41**, 301-307

Kaakinen, J. K. *et al.* (2002) Perspective effects on online text processing, *Discourse Processes*, **33**, 159-173

Morton, J. T. (1964) The effects of context on the visual duration threshold for words, *British Journal of Psychology*, **55**, 165-180

Reicher, G. M. (1969) Perceptual recognition as a function of meaningfulness of stimulus material, *Journal of Experimental Psychology*, **81**, 275-280

Rumelhart D. E., & Ortony, A. (1977) The representation of knowledge in memory, In R. C. Anderson *et al.* (Eds.), *Schooling and the Acquisition of Knowledge* (pp. 99-135), Hillsdale, NJ: LEA

Stanfield, R. A., & Zwaan, R. A. (2001) The effect of implied orientation derived from verbal context on picture recognition, *Psychological Science*, **12**, 153-156

van Dijk, T. A., & Kintsch, W. (1983) *Strategies of Discourse Comprehension*, New York: Academic Press

第6章 作文の認知過程

　文章を書くのが苦手だと思っている人は案外多い．何を書いてよいかわからない，指定された分量を書くのが難しい，書いてはみたがよくわからない文章になってしまったなど，書き手の苦手意識の原因にはさまざまなものがある．文章を書くとはどのような認知活動なのであろうか．どのような点に留意すれば良い文章が書けるのであろうか．本章では，まず，作文の認知過程について概説する．その後，文章作成時に生じる3種類の認知活動（プランニング，言語化，推敲）について，それぞれにおける留意点に触れながら詳細に解説する．なお，以下では作文のことを「文章産出」という用語で表現する．

◉ 6.1 文章産出の認知モデル

6.1.1 問題解決としての文章産出

　ヘイズとフラワー（Hays & Flower, 1980）は，人間の文章産出を，課題環境，長期記憶，ワーキングメモリの3つの構成要素から成る問題解決過程ととらえている（図6.1）．すなわち，3つの構成要素のもとで，書き手は自分の伝えたいことを的確に表す文章を完成させるというゴールに向かって，使用できる手段を駆使しながら，課題を解決していくわけである．

6.1.2 課題環境

　文章産出に際して，書き手には，書くべきテーマやトピックが与えられ，誰が文章を読むのか，書くことでどのようなメリットがあるのかなどを示されることが多い．また，書いている最中は，書き手の手元にはその時点までに産出した文章が存在する．この事前に割り当てられた事柄とその時点までに産出した文章が，書き手の課題環境になる．事前に割り当てられた事柄は産出活動を通して変化しないが，その時点までに産出した文章は活動の進行とともに徐々に増加し，必要であればいつでも参照可能である．

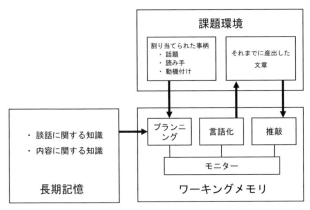

図 6.1 文章産出のモデル（Hays & Flower, 1980 を一部改変）

6.1.3 長期記憶

長期記憶は，学習や経験によって獲得され，蓄積された知識の集合体である．そこには，多種多様な知識や自分自身のエピソードが含まれる．

長期記憶は書き手が文章を産出する際に利用する情報源となる．ベライターとスカーダマリア（Bereiter & Scardamalia, 1987）によれば，書き手が長期記憶において参照できる知識は，談話に関する知識（文章とはどのようなものであるか）と内容に関する知識に大別できる．これら 2 種類の知識の両方がうまく利用できるかどうかで，文章の質が決まるといっても過言ではない．書くべき内容についての知識が豊富でも文章の構造や表現についての知識がなければ，稚拙な文章しか書けないであろうし，逆に文章表現に長けていても自分の知らない内容については書くことができないからである．

6.1.4 ワーキングメモリ

ワーキングメモリは頭の中の作業場である．作業場の広さには限界があり，その中で情報の保持と処理が行われる．ちょうど，頭の中に小さな机があって，その前にあなたのアバターがいるような状況をイメージしてほしい．アバターは，机の上に物を一時的に置いておくこと（保持）もできるし，空いたスペースで紙の切り貼りをしたり，パソコン業務を行ったり（処理）することもできる．保持のために広いスペースが占有されているときには処理のためのス

ペースが限られてしまう．一方，複数の処理を同時に行っているようなときには保持のためのスペースが狭くなる．このような限られた容量の中で情報の処理と保持をつかさどるのがワーキングメモリである．

　文章産出過程において，ワーキングメモリは主要な認知活動が生じる場所である．ヘイズとフラワーは，ワーキングメモリにおいて生ずる認知活動として，プランニング，言語化，推敲の3つを挙げている．彼らは，書き手が文章産出中に何を行っているかを明らかにするため，書き手に自分の頭の中で考えていることを逐一口頭で報告してもらった．これは発話思考法とよばれる研究手法である．得られた言語報告データを分析した結果，3つの認知活動は「プランニング」→「言語化」→「推敲」のように一方向的に生ずるのではなく，3つが相互に行き来しながら文章産出が行われることが明らかとなった．以上のことから，文章産出は，限られた容量のワーキングメモリの中で，長期記憶の知識を利用しながら，プランニング，言語化，推敲の3つを随時切り替えて進行する非常に複雑な認知過程であるといえる．

　では，上述の3つの認知活動において，私たちは具体的にどのような作業を行っているのであろうか．良い文章を作成するためにはどのようなことに留意する必要があるのだろうか．以下では，それらを詳細に述べていきたい．

◉ 6.2　プランニング

　プランニングといわれても，いったい何をどのように計画すればよいのかわからないという人も多いだろう．プランニングで検討すべきことは，目的の確認，主題の決定，材料の選定，構成の決定の4つである．

6.2.1　目的の確認

　文章には目的がある．何のためにその文章を書くのかである．もちろん，明確な目的もなく文章を書き連ねるようなときもあるかもしれない．ただそれは例外であって，多くの文章には目的がある．読み手に何かを説明するための文章もあれば，読み手に感動を与えることが目的の文章もある．読み手を説得するための文章もあるだろう．目的によって文章の書き方は大きく変わる．

　また，もう1つ留意したいことは「誰に向けて書くか」である．すなわち，

読み手を意識することである．一般に，自分とはかけ離れた人物が読み手である場合には，そのことを意識する．たとえば，小学生に向けて文章を書きなさいといわれれば，難解な言葉は使えないし，難しい漢字も使用しないで書こうという気持ちになる．しかし，読み手が自分とあまり違わないような人物である場合に，読み手意識が希薄になる．読み手を意識しないと，自分勝手な文章になってしまうことも多い．

大学の学期末のレポートを例にとろう．何のためにレポートを書くのであろうか．単位を取得するためである．誰が読むのであろうか．授業を担当した教員である．そうであれば，その教員があなたの文章を読んで単位を与えたくなるようなレポートにする必要がある．何度も授業を受けていれば，担当教員がどのような人物かわかっているであろう．どのようなレポートならば単位を与えたいと思うかも想像できるはずである．自分が書きたいことを書いて提出すれば単位をもらえるというわけではない．単位はもらえたけれど評価が悪かったというのは，その先生が良い評価を与えたいと思わないレポートだったということである．

6.2.2 主題の決定

プランニングですべきことの2つ目は主題の決定である．主題とは，「何について書くか」ではなく，「何を主張するか」である．なお，「何について書くか」は話題という．

話題は事前に与えられることが多い．すなわち，「……について論じなさい」のような設問として与えられる．一方，主題は，与えられた話題の中であなたが自分で決める必要がある．たとえば，「学生時代におけるアルバイトについて論じなさい」という問題が提示されたとしよう．この話題のもとにあなたは何を主張するだろうか．「学生時代にはアルバイトをすべきである」と主張する人もいれば「学生時代にはアルバイトをすべきでない」と主張する人もいるだろう．主題をどのように決定するかは書き手に任されている．

6.2.3 材料の選定

主題を決定すれば文章が書けるというわけではない．主題だけでは1文で終

わってしまう．ひとまとまりの文章にするためには，主題をサポートする材料を盛り込む必要がある．利用可能な材料のリソースとして，長野（1996）は以下の4つを挙げている．

①**自分の経験・記憶**　自分自身の経験や記憶は，具体的な材料になる．小論文ではこれらが材料として用いられることが多い．具体性があるので，うまく利用すれば説得力の高い文章を作成することができる．

②**既存の文書**　世の中にはたくさんの文書がある．その中には，自分の主題をサポートしてくれる材料を提示しているものがあるかもしれない．そのような文書を探し出し，引用する形で文章を作成する．インターネットは情報検索には有効だが，信ぴょう性の低い情報もあるので，注意が必要である．

③**調査・実験・観察**　十分な時間があれば，実際に調査や実験や観察を行い，得られたデータに基づいて自分の主張を行う．科学論文はこの手法で作成するのが一般的である．データは強力な材料である．

④**思考や思索**　調査などを実施する時間がなく，既存の文書にも適切な材料が見当たらず，該当する経験や記憶もなければ，思考・思索によって論理を組み立てるという方法もあるだろう．ただし，論理武装がしっかりできていないと，読み手を納得させられなかったり，論破されたりする恐れがある．

つぎに，収集した材料を選別し，必要だと判断した材料をどの順に文章内に配置するか検討しなければならない．収集したものをすべて盛り込むと，不要な情報のせいでわかりにくい文章になる危険性がある（具体例は7.1.1項を参照，同様のことは8.2.5項でも述べる）．選別しても多くの材料が残っている場合には，材料の類似性に基づいてグループ化するとよい．たとえば，まず小グループにまとめ，出来上がった小グループ同士を精査して中グループにまとめ，その後中グループを大グループにまとめる．こうした作業を通じて，どの材料をどのようなまとまりとして文章内に記述していけばよいかが明確になる．

6.2.4　構成の決定

1）文章全体の構成

文章には構造がある．それを読み手に示すためには，文章構成を考えて，構

造を明示化する必要がある．小見出しを利用したり，段落による区分けを明確にしたりすることで，それが可能となる．

　学生のレポートで，A4 判の用紙に段落を作らず書き連ねたものを見かけることがあるが，読む意欲が湧いてこない．また，ネット上で文章を書くことに慣れているせいか，段落冒頭の字下げをしない学生や，ほとんど 1 文ごとに改行する学生もいる．これもまた，段落化と先頭の字下げが当たり前の人間にとってはたいへん読みにくい．

　文章構成は型が決まっている．①三段型，②二段型，③四段型のいずれかである．以下では，これら 3 つの型について，順に見ていこう．

　①三段型　三段型は文章全体が 3 つに分かれているタイプである．それぞれ，序論，本論，結論という名称が当てられることが多い．最初の部分で問題提起を行い，次にその問題に対して論を展開し，最後に結論でまとめるという形になる（問題提起 – 本論 – 結論型）．しかし，三段型には別の展開も存在する．最初の部分で問題提起するだけでなく結論も述べてしまい，つぎになぜその結論を述べたのかを論証し，最後にもう一度結論を述べて締める，というものである（結論先行型）．どちらの展開を用いてもかまわないが，ビジネス文書では後者を利用することをお勧めしたい．ビジネスはスピードが命である．最初に結論を述べないと，言いたいことが伝わりづらく，相手に読むのを止められてしまう恐れがあるからである．

　②二段型　二段型は全体が 2 つの部分で構成されている文章である．二段型は三段型の 3 つのうちの 1 つが省略されたものとしてとらえることができる．たとえば，問題提起 – 本論 – 結論型であれば，問題提起を省略して「本論→結論」と展開する構成である．一方，結論先行型であれば，問題提起と結論を述べ，その論証を行って，最後のまとめは省略するという構成である．これらの他に，よく見かける二段型がある．前半で自分とは異なる立場の主張について述べ，後半でそれを論駁するという形の二段型である．

　③四段型　四段型は起承転結とよばれることがある．起承転結の例として，俗謡の『糸屋の娘』を挙げることができる（『糸屋の娘』には，地名や姉妹の年齢が異なるバリエーションが多数ある）．

◎ 6-1
【起】　京の五条の　糸屋の娘
【承】　姉は十六　妹は十四
【転】　諸国大名は　弓矢で殺す
【結】　糸屋の娘は　目で殺す

　糸屋の娘についての説明の後に，【転】で諸国大名に話が飛び，最後にうまく結論を導いている．もっと多くの人が知っている起承転結の例も挙げておこう．大ヒット曲の歌詞である．

◎ 6-2

花屋の店先に並んだ　いろんな花を見ていた
ひとそれぞれ好みはあるけど　どれもみんなきれいだね ⎤起

この中で誰が一番だなんて　争うこともしないで
バケツの中誇らしげに　しゃんと胸を張っている ⎤承

それなのに僕ら人間は　どうしてこうも比べたがる？
一人一人違うのにその中で　一番になりたがる？ ⎤転

そうさ　僕らは　世界に一つだけの花　一人一人違う種を持つ
その花を咲かせることだけに　一生懸命になればいい ⎤結

[世界に一つだけの花　作詞・作曲：槇原敬之]

JASRAC 出 2204582-201

　きれいな起承転結になっている．花屋の店先の情景描写からはじまり（起），バケツの中に焦点が当たる（承）．突然人間の話になったかと思うと（転），最後に全体をまとめる形で主題が提示される（結）．

　この曲が大ヒットした理由は何だろうか．歌ったアーティスト（SMAP）やメロディーが素晴らしかったことも事実である．しかし，歌詞の典型的な起承転結の構造も，その大きな一因になったように思われる．多くの人は，この歌詞を聞いたとき，それがすーっと心に入ってきたのではないだろうか．それは，私たちが起承転結とはどのようなものであるか知っているからである．すなわち，起承転結スキーマをもっているのである．そして，歌詞がそのスキーマにうまく適合するため，私たちはそれをすんなりと受け止めることができたといえる．何かを伝える際には，受け手のスキーマに合うように情報を提示して，それを受け止めやすくすることが大切である．

　ところで，論文やレポートなど論理的な内容が求められる文章で起承転結を利用することは難しい．「転」の内容を置くことができないからである．しかし，論理的文章においてもその構造を四段型にすることは可能である．具体的には，三段型の文章のどこかを2つに分けることで四段型になる．たとえば，問題提起 – 本論 – 結論型の問題提起に当たる部分を2つに分けて，「興味喚起→問題提起」と展開する方法がある．また，本論に当たる部分を，二段型で説明した「異なる立場→反駁（自分の立場）」と展開する方法もある．

　ここまで文章構成の3つの型について詳細に述べてきたが，ようするに基本は三段型であり，そのバリエーションとして二段型や四段型があると理解しておくとよいだろう．3は不思議な数字である．マジカルナンバー3プラスマイナス1と覚えておきたい．これは心理学でいうマジカルナンバーとは異なる．心理学では，一時的に頭の中に留めておける項目数が平均7個程度であるという事実から，それをマジカルナンバーとよんでいる．7桁程度のランダムな数字列ならば頭に入るというわけである（もちろん，これは一時的に覚えていられるということにすぎない）．ただし，心理学のマジカルナンバー7はそれだけに集中すれば頭に入る数であって，日常生活の中で知的活動を行いながら頭の中に留めておける項目数は3個程度であるように思われる．たとえば学生に「これから大事なことを3つ言います」と言うと彼らは集中して聞いてくれるが，「大事なことを7つ言います」だと「7つも覚えられない」というような反応を示す．相手の話に耳を傾けながらワーキングメモリに留めておけるのは3項目程度である．文章構造についても同じことがいえる．3程度のまとまり方をしている文章であれば，読み手は細部を理解（処理）しながらその一方で談話の全体構造を意識（保持）していられる．まとまりの数が多いと，それらを意識することが難しくなる．

2) 段落の構成

　段落構造についても解説しておこう．一般に，1つの段落には，その段落で最も述べたいことを表す文がどこかに存在する．これを中心文とよぶ．段落内で中心文が配置される場所によって，段落は以下のように分類される．

　①頭括式：中心文が段落の最初に置かれている．

　②尾括式：中心文が段落の最後に置かれている．

③双括式：中心文が段落の最初と最後に置かれている．

④中括式：中心文が段落の中ほどに置かれている．

　実際には中心文が存在しない段落もあるが，ここでは例外としておこう．上記の4つの中で，わかりやすい段落を作るには①頭括式か③双括式をお勧めする．2つに共通する点は，最初に中心文が置かれているということである．そのことが重要である理由について説明する．以下の例文を見てほしい．

◎ 6-3

　　一匹のアリが高さ10メートルの壁を乗り越えたいと思いました．ところが，なぜかアリは高さ1メートルと見誤っていました．壁を登っていったアリは，やがて自分が思っている目標の高さ（1メートル）にたどり着きました．ところがまだまだ壁は続いています．アリはそこで絶望し，登るのをあきらめて引き返してしまいました．アリは10メートルの壁を登れる力は持っているのです．壁の高さを最初から10メートルだと知っていたら，登り続けて乗り越えられたでしょう．このアリの失敗の原因は，実力がないことではなく，壁の高さを見誤ったことです．英語学習の挫折でも，才能がないからではなく，たいてい英語習得を安易に考えて1メートル登る努力しか覚悟しないことが原因なのです．

[藤沢，2004 より]

　尾括式の段落である．最後になってようやく言いたいことがわかる．アリの話で何を言いたいのかはっきりしないまま読み進めなければならないので，読み手は不安になる．以下のように修正してみよう．

◎ 6-3′

　　英語学習の挫折は才能がないからではなく，たいてい英語習得を安易に考えてしまうことが原因です．こんな話があります．一匹のアリが高さ10メートルの壁を乗り越えたいと思いました．ところが，なぜかアリは高さ1メートルと見誤っていました．壁を登っていったアリは，やがて自分が思っている目標の高さ（1メートル）にたどり着きました．ところがまだまだ壁は続いています．アリはそこで絶望し，登るのをあきらめて引き返してしまいました．アリは10メートルの壁を登れる力は持っているのです．壁の高さを最初から10メートルだと知っていたら，登り続けて乗り越えられたでしょう．このアリの失敗の原因は，実力がないことではなく，壁の高さを見誤ったことです．英語学習の挫折でも，才能がないからではなく，たいてい英語習得を安易に考えて1メートル登る努力しか覚悟しないことが原因なのです．

双括式の段落になった．こちらのほうが，言いたいことが最初に述べられるのでよく理解できる．1.4.3 項で紹介した，タイトルの有無で理解できるかどうかが変化する洗濯の文章を思い出してほしい．段落の先頭に置かれた中心文が，いわばタイトルのような役割を果たし，段落全体の理解を促進させるのである．

◉ 6.3　言　語　化

言語化はプランニングした内容を文章へと変換する過程である．長期記憶内の言語知識へアクセスし，ふさわしい語彙を見つけ，それを文法的に正しく配列して文の形にする．それを繰り返すことで文章を産出できる．言語化はワーキングメモリの容量を必要とするが，熟達者になるとそれは自動化され，ワーキングメモリへの負荷は減少する．

6.3.1　適切で効果的な表現の生成

言語化にあたっては，適切で効果的な表現を生成する必要がある．しかし，1.1.4 項で述べたように言語には限界があるため，言いたいことに完全に一致する表現が見つからない場合もあるだろう．それでも，なるべく言いたいことに近い表現を生成したいものである．そのためには語彙知識が必要である．語彙知識が豊富であれば，その中から言いたいことに最も近いものを選ぶことができるが，そうでなければ適切で効果的な表現は出てこない．あなたは，程度が普通でないときに，何でも「すごい」や「やばい」で済ませていないだろうか．気持ちを表すときに「エモい」を頻発していないだろうか．語彙知識を増やし，言いたいことをなるべく正確に伝える努力をしよう．

6.3.2　知っている語彙と使える語彙

知っている語彙と使える語彙とは異なる．読んで理解できても，自分が書く文章には使用したことがないという単語は数多く存在するであろう．使える語彙になっていないのである．

使える語彙にするには使う訓練をするしかない．小学校の頃，「この言葉を使って短い文を作りなさい」という課題をやったことがあるだろう．これは，

その言葉を使えるようにするための訓練に他ならない．そのような訓練が大人になっても必要である．気に入った言葉があったら，それを積極的に使ってみよう．小学生になった気持ちで例文を書いてみよう．そのような実践を重ねれば，自然に言語化できるようになるに違いない．

◉ 6.4　推　　敲

　推敲は，言語化の結果を一定の基準に照らし合わせて評価し，必要であれば修正を施す過程である．推敲は言語化がすべて終了した段階で行うものと考えがちだが，6.1.4項で解説したように，文章産出の最中にいつでも推敲過程が生じている．書き手はプランニングしながら，そしてまた言語化を行いながら，随時推敲しているわけである．しかし，文章全体を書き上げたら，それと同時に推敲も終了というわけではない．その後，かなりの時間を推敲作業に充てることが望ましい．

6.4.1　初心者の推敲と熟達者の推敲
　初心者の推敲と熟達者の推敲は異なる．初心者は，誤字・脱字，句読法，単語の選択など局所的な訂正しかしない．推敲とはそのような作業のことではないかと思う人もいるだろう．しかし，熟達者の推敲は異なる．熟達者にとっては，初心者の推敲はやって当たり前のことであって，むしろ重要な作業は，設定した目標に照らし合わせて自分の文章を評価し，必要な修正を行うことなのである．すなわち，この文章で目的が達成できるかどうかを重視する．したがって，十分でないと思えば大幅な書き直しもありうる．

6.4.2　推敲で行うべきこと
　実際に行うべきことを列挙しよう．まずは，内容レベルの推敲である．プランニングにかかわる推敲といいかえることもできる．本章で述べたことに基づけば，以下のような観点で確認作業が必要になる．
　□この文章で目的が達成できるか
　□読む人にわかるように表現されているか
　□主題が明確か

□材料は適切に盛り込まれているか

□文章の構成は効果的か

□段落の構造は適切か

一方，初心者の推敲とはいえ，局所的な表現レベルでの確認・修正も必要である．具体的には，以下のようなチェックポイントが挙げられる．

□誤字・脱字はないか

□漢字や仮名遣いは適切か

□句読点や符号の使い方は正しいか

□主語・述語の対応や修飾・被修飾の関係は適切か

□適切な語句が使われているか

□語句の重複はないか

□言葉足らずの箇所はないか

□不必要の箇所はないか

6.4.3　推敲は時間を置いてから

最後に，推敲のタイミングについて解説する．一通り書き終わった後の推敲は，書いた直後よりも，少し時間を置いてから行うほうがよい．その理由は，書いた直後は間違いやおかしな点に気がつきにくいからである．直後は，自分が書きたかった内容が頭の中にはっきりと残っている．そのような状態で読み直しを行っても，「自分はこのような内容を書いたはず」という意識があって，それが推敲の邪魔をする．その結果，文章中のおかしな点に気づきにくい．

これはトップダウン処理とよばれる情報処理の仕方と関係している．トップダウン処理とは，自分の知識や期待に基づいて仮説を立て，それを当てはめることで情報を認知・理解しようとする処理のことである．トップダウン処理と対になる処理はボトムアップ処理である．こちらは，実際の情報の特徴をひとつひとつ分析し，それらを統合することで全体をとらえようとする処理のことである．日常生活において，私たちはこれら2つの処理をほぼ同時並行的に行い情報を認知している．すなわち，個々の情報をボトムアップ的に分析しつつ，全体としてのなんらかの仮説を思い描いてトップダウン的に当てはめながら，情報の認知や理解に至っているわけである．しかしながら，どちらか一方

の処理が優位になることもある．仮説をまったく立てられないような情報なら
ば，ボトムアップ優先で処理せざるをえない．逆に，非常に強い仮説を抱いて
いる状況では，個々の情報の詳細な分析をせずに全体を認知してしまうことも
ある．文章を書いた直後はトップダウン処理が優位になりやすく，結果とし
て，間違いやおかしさに気がつきにくいのである．

　以下の例は，一時期インターネット上で話題になった文章である．文字の順
序が間違っていても，それぞれ単語として読めてしまう．正しい単語になって
いるであろうという期待感や前後の文脈から，トップダウン処理が強く働き，
ふつうの文章として読めてしまうのである．

◎ 6-4

こんちには　みさなん　おんげきですか？　わしたは　げんきです．　この
ぶんょしう　は　いりぎす　の　ケブンッリジ　だがいくの　けゅきんう　の
けっか　にんんげ　は　もじ　を　にしんき　する　とき　その　さしいょ　と
さいご　の　もさじえ　あいてっれば　じばんゅん　は　めくちちゃ　でも
ちんゃと　よめる　という　けゅきんう　に　もづいとて　わざと　もじの
じんばゅん　を　いかれえて　あまりす．　どでうす？　ちんゃと　よゃちめう
でしょ？

　この例はやや特殊ではあるが，書いた直後の推敲においてもこれと似たよう
なことが起きやすい．推敲は時間を置いて，何回も繰り返すことが望ましい．
そのためには，締切直前に書いていてはいけない．余裕をもって書き終え，推
敲のための時間を確保しよう．

文　献

Bereiter, C., & Scardamalia, M.（1987）*The Psychology of Written Composition*, Hillsdale,
　　NJ: LEA

藤沢晃治（2004）『「分かりやすい文章」の技術　読み手を説得する18のテクニック』，講談社

Hays, J. R., & Flower, L.（1980）Identifying the organization of written processes, In L. W.
　　Gregg & E. R. Sternberg（Eds.），*Cognitive Processes in Writing*（pp. 3-30），Hillsdale, NJ:
　　LEA

長野正（1996）『文章表現の技法』，国土社

第7章　良い文章を書くために

　前章では，作文の認知過程と留意すべき点について解説した．本章では，良い文章を書くためのポイントを実践的に学ぶことを目標とする．具体的には，プランニング，言語化，推敲の3つの認知活動ごとに，さまざまな「悪文」を例に挙げながら，どのような点に問題があるのかを考察していく．そして，問題点を改善するための手立てや，悪文にしないための心構えについて論じる．

● 7.1　プランニング実践

7.1.1　プランニングをしよう

　まず，以下の3つの文章を読んでもらいたい．

◎ **7-1**

　学生といえばアルバイトである．アルバイトをする理由は人によりさまざまである．生活のためにアルバイトをしている人もいれば，暇つぶしにアルバイトをしている人もいる．私は後者だ．そして，なんといっても，自由に使えるお金が手に入るという魅力は格別だ．だが，生活のためにアルバイトをしている人にとって，アルバイトは生きていくための手段である．中には，ほとんど本業に近い感じで働いていて，大学にはほとんど来ない人もいる．それなら大学を辞めてしまえばよい．やはり学生の本分は学業なのだ．勉強をしないで学生とは言えない．アルバイトをするならば学業との両立が肝心だ．たとえアルバイトでも，社会で働く経験は貴重であり，大学での勉強では決して得られないものがある．

◎ **7-2**

　私たちの学校には校舎の裏に広場があります．これは私たちと父母が一緒になって作ったものです．遊具やベンチがあって，地域の人々の憩いの場となっています．私はあまり行きませんが，クラスの男子がよくそこでボール遊びをしているようです．また，夜は不良グループのたまり場になっているといううわさも聞きます．校舎の一階にある図書室も父母の協力でなっています．私たちも父母もいろいろな書籍を持ち寄り，一つの情報センターのようです．この図書室も，地域の人たちが自由に利用できるのです．でも，私はその図書室にいるおばさんのこ

> とがあまり好きではありません．また，雨の日には雨漏りがしていることもあり
> ます．
> ［邑本，2012 を一部改変］

◎ **7-3**
> 　富山県は高校の進学率，そして大学への進学率が全国的に高い．しかし高校は
> ともかく，大学へ進学する時点において多くの若者を自ら手放しているとしか思
> えない．実際，私の友人も９割方外へ出たはずである．富山県は社会へ出る一歩
> 手前の大事な人材を手放してしまっている．大学だけでなく企業もそういえるか
> もしれない．富山県には地元の企業はそれほど多くないし，職種も少ない．富山
> 県に今一つ若い活力が欠けているのは若い人材の不足という点にあり，そして若
> 者をつなぎ止めておける力がないというのが問題点である．　　［荒木他，2000 より］

　いずれの文章も何を言いたいのかわかりくいと感じられたことだろう．**7-1**
はアルバイトについて述べているが，アルバイトの魅力は格別と肯定している
かと思えば，アルバイトに夢中になって学業がおろそかになってはいけないと
否定し，そのうちにアルバイトと学業の両立が肝心と言いはじめる．結局，ア
ルバイトに関して何を主張したいのだろう．主題を明確にせず，思ったことを
書き連ねているのが明らかである．

　7-2は校舎の裏の広場や校内の図書室について述べている．おそらくそれら
を紹介したい文章なのであろう．しかし，紹介する内容とそれらに関連するネ
ガティブな内容が混在していて，紹介文としては不適切である．書き手は紹介
文を書こうと考えたときに，男子のボール遊び，不良グループのたまり場，お
ばさんが嫌い，雨漏りしているなどが，思い浮かんだのだろう．しかし，それ
らを盛り込んでしまうと不適切な文章になってしまう．材料の取捨選択ができ
ていない例である．

　7-3の文章は何を言いたいか読み取れただろうか．最初に高校の進学率が出
てくるが，これは主題とはあまり関係がない．また，大学への進学と県外へ出
ることを直結させているが，そこにあるべき前提（県内に大学が少ないこと）
が示されていない．さらに，「はずである」のように根拠として不明確な内容
があるのも気になるところである．この文章では以下の２つの事実を述べてい
る．「富山県には大学進学時点で県外に出る人が多い」と「富山県には就職時
点で県外に出る人が多い」である．そして，これらの事実に基づいて，「富山

県には県内に若者をつなぎ止めておける力がないことが問題である」と主張している．もしそうであれば，それがわかるように文章を構成する必要がある．以下に修正例を示そう．

◎ **7-3′**

　富山県の問題はいったい何だろうか．そのひとつは若い活力の不足だ．地方都市が発展していくためには若い年齢層の力が必要不可欠だ．もし若者がどんどん大都市に出ていってしまえば，昔からの文化の継承も難しくなるし，新しい文化が生まれてくることも少なくなる．地方都市がバランスよく発展していくためには若い活力が必要なのである．しかし，富山県はそうなっていない．

　まず，大学進学の時点で県外に出てしまう人が大勢いる．富山県は高校の進学率，そして大学への進学率が全国的に高い．しかし，高校はともかく，大学へ進学する時点において多くの若者を自ら手放しているとしか思えない．実際，私の友人も9割方県外へ出た．富山県は社会へ出る一歩手前の大事な人材を手放してしまっている．

　さらに，就職の時点で県外に出て行く人も多い．富山県には地元の企業はそれほど多くないし，職種も少ないからだ．そのため就職するためには，県外に就職先を探すことになる．また県内の企業も，県内の卒業生をとりたてて積極的に採用しようとしているわけではない．企業と学生の双方が，県外に活路を見いだそうとしている．

　富山県の問題は若い人材をつなぎ止めておくことができないことだ．この問題に対する対策を立案することが必要になっている．　　　　[荒木他，2000 を一部改変]

　文章量は増えたが，わかりやすくなっている．全体を四段型にし，最初の段落で「問題提起と結論」，その後上述の2つの事実を述べ，最終段落で再び「結論」を述べてまとめている．また，各段落の先頭（下線部）に中心文を置いて段落そのものを理解しやすくしている．構成を考えて文章を書くとはこのようなことなのである．

7.1.2　論理に気をつける

　以下の3つの文章を読んでほしい．

◎ **7-4**

　経営がうまくいっていない大学を立て直したい．そのために，学生定員は増やさずに学費の値下げを行う．教職員の採用枠を増やし，給与も上げる．

◎ **7-5**

　対面での会話が苦手な若者が増えている．これはインターネットの影響によるものだ．

◎ **7-6**

　評価の高い学術誌に掲載された論文だけを読めばよいという考えは間違いである．評価の高い学術誌の論文の中にも真偽の疑わしいものもあるし，一人の研究者が世界中のすべての論文を読むことは不可能なのである．

　7-4 はすぐにおかしいことに気がついたであろう．経営の立て直しと言いながら逆のことをやろうとしている．論理の矛盾である．一般に，文章内で論理の矛盾が起きることはあまりない．しかし，その内容についての知識が不足しているときに，情報を寄せ集めて文章を作ると矛盾が生じる場合がある．上の例では，経営についての知識があれば論理的に矛盾した文章を書くことはないが，経営のことをよく知らない人が経営について言及した場合におかしなことを述べてしまう可能性がある．自分のよく知らない領域のレポートを書く際には気をつけたい．レポート作成は，その領域のことをよく勉強して知識をつけてから行うべきだ．

　7-5 では，対面での会話が苦手な若者が増えている理由がインターネットの影響だといわれると，それはなぜかと問いたくなる．論理の飛躍がある．書き手は書き手なりの論理的つながりを頭の中で思い描いているのであろうが，それが明確に述べられていない．論理の飛躍は，書き手の説明不足であることが多い．

　7-6 に対しては，論理のおかしさに気づいたであろうか．第 2 文が第 1 文の理由になっていない．書き手は第 1 文で「評価の高い学術誌に掲載された論文だけを読めばよいという考えは間違いである」と述べている．すなわち，「評価の高くない学術誌の論文をも読んだほうがよい」という主張である．そうであれば，第 2 文で述べるべき内容は「評価の高くない学術誌にも読む価値のある優れた論文があるからだ」でないと，理由として不適切である．それを，「評価の高い学術誌の論文の中にも真偽の疑わしいものもある」と述べたところで，主張したいこととはズレが生じている．ましてや「一人の研究者が世界中のすべての論文を読むことは不可能」は話が飛躍してしまっており，まった

く無関係のことを述べている．世の中には，論理的におかしなことを平気で言って，相手を丸め込もうとする人がいる．その際には，「あなたの言っていることは論理がおかしい」と堂々と指摘できるようになってほしい．

◉ 7.2 言語化実践

7.2.1 適切な表現を選ぶ

考えを言語化する際には，使用する語句が文脈の中で適切なものであるかどうかをよく吟味する必要がある．たとえば，以下の語句や文を見てほしい．言葉遣いに違和感を覚えるであろう．

◎ **7-7**
・大気汚染を守ろう
・すごい匂いのブーケ
・国会では憲法改正について言い合っている

「汚染を守る」のは変であるし，「すごい匂い」ではネガティブな印象を与える．「言い合っている」も適切な表現とはいえない．修正しよう．

◎ **7-7′**
・大気汚染を防ごう
・芳しい香りのブーケ
・国会では憲法改正について議論している

また，文章表現が特殊なものである場合，伝わりにくかったり，悪い印象を与えたりする．以下の2つの文章をどう思われるだろうか．

◎ **7-8**
そもそも地方公務員は，地域密着の性格を保有するのである．地域住民の意向反映が職務なのである．多数の在日外国人居住地域においては外国人の意見無視は不可である．地域貢献を目的として公務員たらんとする外国人に対しては，門戸開放が妥当性を示しているのである． [森脇, 1997]

◎ **7-9**
ボクたち日本人は海に囲まれて生きてる．そして海からいろんな恵みをもらってる．海の中にはいっぱい魚や貝や海藻がいて，それらをつかまえて，食べて，みんな生きれるんだ．なので，みんなで海を大切にしよう．

　7-8では,「である」の連続も気になるが（この点については次項で述べる），あまり見かけない表現が多数含まれている.「地域密着の性格を保有」「意向反映が職務」「意見無視は不可」「門戸開放が妥当性を示している」である.　意味は理解できるが, わざわざそのような熟語を使用する必要があるだろうか.「公務員たらんとする」もやや違和感を覚える.　このような難解な用語を多用している文章を「硬い文章」という.　世の中には硬い文章が好きな人がいるようだが, 硬い文章では意味が伝わりにくい.

　一方, **7-9**は書き手の稚拙さを感じる文章である.「ボク」という表現の影響だけでなく, 全体的に話し言葉（口語）で文章が構成されているためである.　話し言葉と書き言葉は異なる.　両者の違いを認識して, 適切な表現で文章を作成してほしい.

7.2.2　くどい表現とは

　くどい表現とは何だろうか.　くどいを辞書で調べると「同じようなことを繰り返して, しつこく, うるさい, 嫌な感じがする」のように定義されている.しかし, どのような表現をくどいと感じるのかは個人によって若干異なる.　以下では, 私が考えるくどい表現について解説しよう.　くどい表現には, 音のくどさと意味のくどさがある.

1）音のくどさ

　以下の文章は音のくどさを感じる例である.

◎ **7-10**

　日本のゴミは増え続けている.　日本のゴミの増加は様々な問題を抱えており,日本人に悪影響を与える恐れのあるゴミである.　日本のゴミがこれ以上深刻にならないようにするためには, 日本人は日本のゴミを減らさなければならない.　日本のゴミを減らす方法にはリサイクルがある.　リサイクルにはいろいろな方法があるが, リサイクルは費用と時間と人手がかかるので, 日本の企業はリサイクル問題にはあまり熱心に取り組んではいない.　しかし, 何もしなければ日本人はゴミで破滅する.　　　　　　　　　　　　　　　　　　　　　　［清水他, 2003 より］

「日本」「ゴミ」「リサイクル」が繰り返し用いられていて, くどい感じがする.　実は, 私たちが文章を黙読している際にも, 頭の中では音が活性化している.　同一名詞の反復使用は, 読み手側に同じ音韻の反復を引き起こす.　その結

果「くどい」という感覚を生じさせるわけである.

　また，同一名詞の反復はくどさだけでなく，読みにくさをも引き起こす．ゴードンら（Gordon *et al.*, 1993）は，2文からなる文章を読んでもらう実験を行い，第1文で言及された人物名が第2文で同じ名前で反復される場合と代名詞で言及される場合とを比較すると，前者のほうが後者よりも第2文の読み時間が長くなることを明らかにしている．彼らはこの現象を反復名ペナルティとよんだ．名詞を反復することには，処理上のペナルティが課されるという．

　では，同一名詞の反復によるくどさや読みにくさを解消するにはどうすればよいであろうか．省略できる箇所は省略し，代名詞や異なる名詞に置き換えることができるならばそうすることで改善できる．以下に改善例を示そう．

◎ **7-10′**

　日本のゴミは増え続けている．ゴミの増加は様々な問題を抱えており，我々に悪影響を与える恐れがある．問題がこれ以上深刻にならないようにするためには，ゴミそのものを減らさなければならない．その解決策の1つにリサイクルがある．これにはいろいろな方法があるが，費用と時間と人手がかかるので，企業はあまり熱心に取り組んではいない．しかし，何もしなければ人々はゴミで破滅する．

　つぎの2つの文章も同じ音の繰り返しによってくどさを感じる例である．**7-11** は同じ接続詞，**7-12** は同じ文末表現の繰り返しである．

◎ **7-11**

　私は前章で，文章には目的があると述べた．また，主題を決めることが大事であるとアドバイスした．また，主題をサポートする材料を収集すること，集めた材料を取捨選択すること，また，文章全体の構成を決定することが非常に重要であることも指摘した．

◎ **7-12**

　文章はよく考えてから書くべきである．考えがまとまっていない状態では思いつきでしか書けないからである．そのような文章を書く人には思わず説教をしたくなるのである．主張が明確でない文章や筋が通っていない文章を読むと，怒りがこみ上げてくるのである．

　名詞，接続詞，文末表現の反復による音のくどさを見てきたが，文章においては近くで同じ音が繰り返されることがくどさの原因となる．

◎ 7-13
・会場の中で近くで会話しない（「で」の反復）
・被災地の過去の津波の可能性（「の」の反復）
・私は今月は彼は会社には来ることはないと思う（「は」の反復）

　ワープロソフトを使用していると，このような同じ音の繰り返しに対して，アンダーラインで警告してくれる場合がある．書き手は，近い場所で音の繰り返しが生じないように，表現を工夫すればよい．

◎ 7-13′
・会場では近くで会話しない
・被災地での過去における津波の可能性
・私は今月彼が会社に来ることはないと思う

2) 意味のくどさ

　重言とよばれる表現がある．「馬から落ちて落馬した」や「頭痛が痛い」というような意味の重なりが生じている表現のことである．重複表現ともいう．日常生活の中では多くの重言が使用されている．以下に一例を挙げよう．

◎ 7-14
従来から（「従来」は「以前から」という意味）／元旦の朝（「元旦」は「元日の朝」のこと）／あらかじめ予定された（「予定」は「あらかじめ」）／いちばん最初に（「最初」は「いちばん」）／最後の追い込み（「追い込み」は「最後」）／一緒に協力（「協力」は「一緒」にするもの）／アメリカに渡米（「渡米」は「アメリカ」）／今後の日本の将来（「将来」は「今後」）／まだ未定（「未定」は「まだ」）／後で後悔（「後悔」は「後」）／前に前進（「前進」は「前」）／犯罪を犯す（「犯」が重複）／被害を被る（「被」が重複）／挙式を挙げる（「挙」が重複）／数値の値（「値」が重複）／過保護すぎる（「過保護」は「すぎる」を含む）／〜だけに限って（「限る」は「だけ」を含む）／〜だけに固有の（「固有」は「だけ」を含む）／ふだんの平熱（「平熱」は「ふだんの熱」）／ふだんから常用する（「常用」は「ふだんから使用する」）／思いがけないハプニング（「ハプニング」は「思いがけない」もの）

　これらの中には，重言だということに気づかないまま使用しているものもある．また，重言は言葉を重ねることで言いたいことを強める強調表現だとする解釈もある．したがって，どれが誤用で，どれが誤用でないのかについては判断が分かれるのかもしれない．少なくとも辞書に載っていれば誤用ではないと判断してよいだろう．それも時代の変化とともに変わっていくことが予想され

る．書き手にとって大切なことは，自分の言語感覚を研ぎ澄ませて，重言かもしれないと思ったらすぐに辞書で調べる習慣を身につけることである．

7.2.3 文字数稼ぎはやめよう

以下の文章は悪文である．

◎ 7-15

　今日われわれが日常目にする車は，科学技術が産み出した人間の暮らしを予想もできなかったほど決定的に変えた，現代の画期的な革命児の一つと言えよう．多様な欲求が共存する現代社会においては，車は，所有者のステイタスやセンスの表現手段，デートの道具，運転そのものの楽しみなど，その主たる意味とは離れたいわば副次的な意味を持たされている．しかし，その本来の目的と存在理由は「車を所有し運転する人間が，その時点で行きたいと考えている場所へ，少しでも早く行くための道具」である．　　　　　　　　　　　　　[森脇, 1995 を一部改変]

修飾語が多く，それらがどこに係っているのかわかりにくい．そもそも，その修飾語は必要なのだろうか．書く必要のない無意味な修飾語が多用されているように思われる．たとえば冒頭の「今日われわれが日常目にする」は当然のことを述べているだけで，あってもなくても意味はほとんど変わらない．つぎの「科学技術が生み出した」も同じである．無意味な修飾語を削除してみよう．

◎ 7-15′

　車は，人間の暮らしを変えた，現代の革命児の一つと言えよう．現代社会においては，車は，ステイタスやセンスの表現手段，デートの道具，運転そのものの楽しみなどの副次的な意味を持たされているが，その本来の目的と存在理由は「人間が行きたいところへ早く行くための道具」である．

半分程度に縮約できた．無意味な修飾語で文字数稼ぎをしているだけである．そのような修飾語は削除したほうがよほどわかりやすい．無意味な修飾語は，大学生が書く文章の中にもときどき見られる．なぜ，このような無意味な修飾語をつける癖がついたのであろうか．これまで国語の問題で「○文字程度で述べなさい」のように，解答に文字数を指定されることがあっただろう．その際，あなたは指定文字数に足りない場合はどんなことをしたであろうか．無意味な修飾語をつけたことはないだろうか．もちろん文字数指定の問題にはその分の書くべき内容がある．しかし，それが十分に書けないと，苦し紛れでそ

うした対処方略をとる．そして，それが知らず知らずのうちに身につき，普通の文章を書く際にも表れるようになってしまったのではないだろうか．

　以下の文章は別の方法で文字数稼ぎをしている．

◎ 7-16

　私がこの記事で書くように編集者から提示されたテーマは，情報教育であった．ここで私が主張したい最も重要なことは，情報教育が学校でうまく指導されるためには，まず教員自身が情報化されなければならないということだ．しかし，私がみるところでは，教員自身の情報化は悲惨なほど進んでいない．これが私の考えの出発点である．

[荒木他，2000]

　「教員の情報化」は聞き慣れない表現であるが，教員が情報リテラシーを身につけるという意味としておこう．「私」が多用されている点が気になる．そして，「編集者からテーマを提示された」ことを述べたり，「主張したい最も重要なこと」や「考えの出発点である」ことをわざわざ言及したりしているが，それは必要があるだろうか．こうした内容はメタ・ディスコースとよばれている．メタは「一段上の」，ディスコースは「談話」という意味である．すなわちメタ・ディスコースとは，自分の談話を一段上からとらえて述べた談話という意味になる．メタ・ディスコースも文字数稼ぎにもってこいである．それらを削除しよう．

◎ 7-16′

　情報教育が学校でうまく指導されるためには，まず教員自身が情報化されなければならない．しかし，教員自身の情報化は悲惨なほど進んでいない．

　結局，これだけのことしか主張していないにもかかわらず，メタ・ディスコースを多用して文字数を増やしていたのである．文字数稼ぎは文章の主旨を伝わりにくいものにする．文字数稼ぎで文章を作成するのはやめよう．

◉ 7.3　推 敲 実 践

7.3.1　なぜわかりにくいのか

1）語順に注意

　日本語は語順の制約が弱い．「太郎は次郎を助けた」と「次郎を太郎は助けた」はいずれも許容される文であり，同じ意味を表している．しかし，語順が

わかりやすさに影響することがある.

◎ **7-17**

　白い南アルプスの青空に浮かび上がった山並みが間近に見える. [森脇, 1995 より]

　上の文の意味を理解できたであろうか. この文には,「山並み」に係る修飾語が3つある.「白い」と「南アルプスの」と「青空に浮かび上がった」である. その修飾関係がわかりにくい. それは語順がよくないためであり, 3つの修飾語が短い順に並んでいることが原因である. 修飾語は長いものから順に配置しないとわかりにくくなってしまう.

◎ **7-17′**

　青空に浮かび上がった南アルプスの白い山並みが間近に見える.

　こちらのほうが, 修飾関係がはるかにわかりやすい.「修飾語は長いものから並べよ」を心に留めておきたい.

2) ペアはなるべく近くに

　主語と述語や, 修飾語と被修飾語はペアである. 文の中でペアになるものはなるべく近くに置いたほうがよい.

◎ **7-18**

　自ら行動を起こさない野村が山本の忠告を聞いたにもかかわらず注意を怠った岡田の怠慢な行動に対して激怒した加藤に抗議文を突き付けられて, ようやく部署全体の雰囲気が変わった.

　一読した後,「抗議文を突き付けられたのは誰か」と尋ねられても, すぐに答えられないだろう. 主語「野村が」と述語「抗議文を突き付けられて」が離れており, 両者の間に複数の情報が入り込んでいるためである.

◎ **7-19**

　(A) 今日のイベントは主催者による入場に制限があります.

　(B) 元気に日本代表の選手たちはニューヨークに向け出発した.

　(A) では,「主催者による入場に制限」がわかりにくい. 主催者が入場制限をかけるという意味であろうが, 修飾語「主催者による」と被修飾語「制限」の間に「入場に」が入ってしまっているため,「主催者による入場」が制限されているかのような誤読を生じさせる. (B) は, 意味は理解できるが「元気に」の位置があまりよくない.「日本代表の選手たちはニューヨークに向け元

気に出発した」のように，「元気に」と「出発した」を近づけたほうがよい．

　7.2.3項で「無意味な修飾語」は書くべきではないことを指摘した．無意味な修飾語によって伝えたいことが埋もれてしまうためであるが，それに加えて，無意味な修飾語の存在はペアとなる要素を遠ざけてしまう一因にもなる．

3）否定表現はわかりにくい

　文章においては否定表現を用いることがあるが，否定表現が重なるとわかりにくくなる．

◎ 7-20

- 先生に言われたからといって，やらないわけにはいかないというものでもない．
- 検査を受けなかった人がいない場合は，チェックを入れないでください．
- 赤くないものを取らないように．

　否定表現は読み手に認知的な負担をかける．日本語の場合，「ない」を用いてそれまで言及してきた内容を否定する形が多いが，読み手は否定表現が出現した時点で，それまでに理解した内容を反転させる必要がある．二重否定の場合はさらに負担が重くなる．そもそも否定が重なると，どちらの意味を伝えているのかわからなくなってくることも多い．語尾が上がる言い方で，「かわいくない」も「かわいくなくない」も「かわいくなくなくない」も，同じ意味に感じてしまうのは私だけであろうか．

　また，否定を伴うことで多義的になってしまうこともある．「彼は彼女のように成績が良くない」は，どのような意味にとらえられるだろうか．以下の3つの可能性が考えられる（中村，2007）．

◎ 7-21

- 彼は彼女と違って，成績が良くない（彼は成績が悪く，彼女は成績が良い）
- 彼も彼女と同じで，成績が良くない（彼も彼女も成績が悪い）
- 彼は，彼女ほどには，成績が良くない（彼も彼女も成績が良いのだが差がある）

　否定はわかりにくい．否定を使用せずに伝えたほうが，受け手にとって負担も少なくなるし，意味の取り違えもなくなるであろう．

4）つなぎの役割

　文と文とをつなぐ役割を果たすのが接続詞である．接続詞がないと読み手が文間の意味のつながりを推測しながら読み進めなければならない．単純な接続

関係であればそれほど問題にならないが，そうでない場合は読みが滞ったり，理解が困難になったりする．

◎ **7-22**

　形容すれば，こんなふうになるのではないかと思う．私たちは一つの乗物にのって，未来へと進んでいる．この乗物，後方を見る鏡であるバックミラーはついている．前方を直接に見とおすことは不可能なのだ．　　　　　　　　　[大村他，1980]

7-22 は比喩的な内容であるため，理解しづらいのは事実であるが，それに加えて接続詞がないことで，文間のつながりがわかりにくくなっている．接続詞を挿入したものを以下に示そう．

◎ **7-22′**

　形容すれば，こんなふうになるのではないかと思う．すなわち，私たちは一つの乗物にのって，未来へと進んでいる．そして，この乗物，後方を見る鏡であるバックミラーはついている．しかし，前方を直接に見とおすことは不可能なのだ．

接続詞の役割が，文間の関連性を示すだけにとどまらない場合もある．

◎ **7-23**

　黒いドレスが似合うのはミステリアスな女性だけである．私は黒いドレスが似合うようになりたい．　　　　　　　　　　　　　　　　　　　[小野田，2001]

あなたはここにどのような接続詞を入れるだろうか．「したがって」でもよいのだが，「しかし」を入れることもできる．これらは，いわば正反対の接続詞ともいえる．なぜこのようなことが生じるのであろうか．それは，接続詞が，文間の連接関係のみならず，ミステリアスな女性に対する書き手の態度をも暗示するといった役割を発揮するためである．すなわち，「したがって」の場合は，書き手はミステリアスな女性をポジティブに捉えているのに対し，「しかし」の場合はネガティブに捉えていることが暗示される．接続詞がこのような役割を果たすこともあるのである．

7.3.2　日本語文法の再確認

1）省略してはいけない要素

　文の中で省略してはいけない要素がある．以下の文では何かが足りない．

◎ 7-24
　加齢に伴ってネガティブな状況が増えるにもかかわらず幸福感は低くないことから，不安に対処する手段を身につけていると思われる．

　不安に対処する手段を身につけているのは誰であろうか．高齢者であることは自明であるが，直前に「高齢者は」という主語を置くべきである．

◎ 7-25
（A）調査の結果，その会社が商品を安く提供できる秘密は家賃の全部と人件費のほとんどを国からの補助でまかなっていた．
（B）水をろ過給水すれば，消化器系の伝染病ばかりでなく寿命も延びるという．

　いずれも述語が省略されて，違和感を覚える表現になっている．Aは，「秘密は」に対応する述語がない．「まかなっていた」では適切な述語になっていない．「まかなっていたことであった」とすべきである．Bは，「消化器系の伝染病」が最後の動詞にかかるため「延びる」ことになってしまっている．伝染病が延びるのは変である．「消化器系の伝染病が減るばかりでなく」としないと意味が通じない．

◎ 7-26
（A）大気汚染が与える影響について明らかにする．
（B）窓から冷たい風が吹き込んできた．彼は閉めて読書を続けた．

　これらはいずれも，動詞に対して必要な要素が省略されている事例である．（A）は，「影響を与える」に必要な「何が」と「何に」のうち，後者が省略されている．「地球環境に」であろうことは予想できるが，省略してはいけない．（B）では「閉める」に対して必要な「何を」が省略されている．

2）主語のすり替わり
　文の途中で主語が変わることはありうる．しかし，主語が省略されたまま，勝手に別の主語にすり替わってしまっては正しい表現とはいえない．

◎ 7-27
（A）これからの教育では，知識を教えるのではなく，考え方を学ぶことが大切だ．
（B）彼の将来性を検討しているが，未知数である．

　（A）で，知識を教えるのは「教師」，考え方を学ぶのは「生徒」である．（B）では，彼の将来性を検討しているのは「われわれ」，未知数なのは「彼の将来

性」である．ぜひ主語のすり替わりという現象に敏感になってほしい．主語が明示されていれば許容される文といえるかもしれないが，それでも途中で主語が変わることは，読み手にとって視点の転換が必要になるため処理の負担が増える．可能であれば，同じ主語のもとで一文を完結させることが望ましい．

3) 呼応表現

　あなたは「彼はおそらく欠席する」と言われたとき，違和感を覚えるだろうか．もし気にならないようであれば，呼応表現に鈍感になっている可能性が高い．日本語には，ある表現に対して，その後にそれを受けるための表現を必要とするものがある．「おそらく」「たぶん」は「だろう」を必要とする．「決して」「全然」は否定形「ない」を伴う．「まさか」「よもや」は「ないだろう」と呼応し，「まるで」「あたかも」は「ようだ」とつなげる．話し言葉では「全然」が否定を伴わない形（「全然，大丈夫」など）で使用されることが一般的になってきたが，書き言葉では使用しないほうが無難である．

文　献

荒木晶子 他（2000）『自己表現力の教室―大学で教える「話し方」「書き方」』，情報センター出版局

Gordon, P. C. *et al.* (1993) Pronoun, names, and the centering of attention in discourse, *Cognitive Science*, **17**, 311-347

森脇逸男（1995）『書く技術―なにを，どう文章にするか』，創元社

森脇逸男（1997）『文章の書き方の基本を身につける本』，中経出版

邑本俊亮（2012）言語力を育てる―教育現場での試み，福田由紀 編著，『言語心理学入門 言語力を育てる』，培風館

中村明（2007）『悪文―裏返し文章読本』，筑摩書房

大村彰道 他（1980）文間の接続関係明示が文章記憶に及ぼす影響，教育心理学研究，**28**，174-182

小野田博一（2001）『論理的な作文・小論文を書く方法』，日本実業出版社

清水明美 他編（2003）『Practical 日本語　文章表現編―成功する型』，おうふう

第8章 ビジュアルコミュニケーション

　ビジュアルコミュニケーションとは，視覚的な情報（ビジュアル表現）を利用したコミュニケーションのことである．発表の際に使用するスライド，インターネット上のホームページ，イベントのポスターやチラシなどは，いずれもビジュアルコミュニケーションである．ビジュアル表現は非常に有効な情報伝達手段となる．この章では，ビジュアル表現がもつ力について確認した後，それを活用する際に考慮すべき点について，わかりやすさとレイアウトの問題を中心に解説する．

◉ 8.1　ビジュアルのチカラ

8.1.1　興味を引く

　ビジュアル表現は言語表現と比べていくつかの点で優位性がある．まず，人の目を引き，興味を引き付ける力がある．

　図8.1は，以前，私の研究室の近くに掲示されたポスターのデザインの一部をイラストで示したものである．いずれも中央に写真が置かれていた．（a）はきれいな女性がほほ笑んでいる写真であった．（b）は，つぶらな瞳のかわいいワンちゃんを起用していた．（c）では，かわいらしい子どもがほほ笑んでいた．いずれも私が，ついそちらに目をやってしまう良いポスターであった．

　　　（a）　　　　　　　（b）　　　　　　　（c）

図 8.1　筆者の研究室の近くに掲示されたポスター（デザインの一部のみ）

実は人の目を引く３つのモノがあるといわれており，それらの英語の頭文字から 3B の法則とよばれている．その３つとは，Beauty，Beast，Baby である．図 8.1 に示したポスターは，3B の法則に従って作られていたわけである．なお，3B の法則には別称もあり，ABC の法則とよばれることもある．Beast が Animal，Baby が Child と読み替えられて，その結果，ABC の法則となる．

8.1.2 理解を助ける

私たちが情報を理解しようとしたとき，言語情報だけでは具体的なイメージを喚起するのが困難な場合がある．以下に示す文章を読んでみてほしい．

◎ 8-1

風船が破裂したならば，その音は届かないだろう．目的の階から遠すぎるからだ．窓が閉まっていてもダメである．マンションは遮音効果が良いからだ．電流が安定して流れることが重要だ．電線が切れてしまったらおしまいである．もちろん，男は叫ぶことはできる．だが，人間の声はそんなに遠くまで届くほど大きくはない．もし楽器の弦が切れてしまったら，男は伴奏なしで歌わなければならない．一番いいのは距離が近いことである．面と向かえば，問題はまったくないはずだ．　　　　　　　　　　　　　　　　　　　　　[Bransford & Johnson, 1973 より]

状況がよく理解できなかったのではないだろうか．章末にこの文章と挿絵をセットにしたもの示そう（111 頁，図 8.23）．それを見ながら文章を読み返してみてほしい．挿絵によって，文章で述べられている状況が理解できるようになる．登場人物の男がどのような人間であり，何を考えてそのような行動をとっているのか，よく理解できるであろう．ビジュアル表現が理解を助けてくれるのである．

8.1.3 記憶に残す

何かを覚えようとするときに，言葉だけでは覚えにくいが，そこに写真や絵があると記憶に残る．それはなぜだろうか．

心理学者のペイヴィオ（Paivio, 1986）は，言語情報とイメージ情報は別々に処理され，別々に記憶されると主張した．これは二重符号化説とよばれている．ここでいうイメージとは，大学のイメージや会社のイメージといった漠然とした印象を表すものではなく，頭の中で思い浮かべることが可能な「心的映

像」のようなものだと理解してほしい．たとえば，あなたが目を閉じてりんご
を思い浮かべるように言われたら，その映像を思い浮かべることができるであ
ろう．それがイメージである（ちなみに二重符号化説では，イメージとして，
視覚以外の聴覚イメージや嗅覚イメージなどの存在も仮定されている）．

　二重符号化説に基づけば，私たちが言語情報を受け取ったときには言語シス
テムが働き，言語としての記憶を残す．その際，そこに画像情報も存在してい
れば，言語システムだけでなくイメージシステムも働いて，言語とイメージの
両方の記憶が残る．したがって，思い出すときにどちらからでも情報を取り出
せる．言語で思い出せなくてもイメージで思い出せるわけである．

　私はここまで二重符号化説について言語だけで説明してきたが，理解できた
であろうか．では，二重符号化説を表現する図を示そう（図8.2）．左が言語
システム，右がイメージシステムである．言語システム内では，連想関係にあ
るもの情報が連結されている．また，2つのシステム間で，同じ対象を表して
いるもの同士が双方向矢印でリンクされている．図のおかげで，二重符号化説
に対する理解が深まったことだろう．そして，記憶にも残りやすくなったので
はないだろうか．

　勉強する際にはイメージを利用するとよい．勉強で覚えるべき事項は言語情
報が多いであろうが，そこにイメージ情報を付加して覚えるのである．実際の

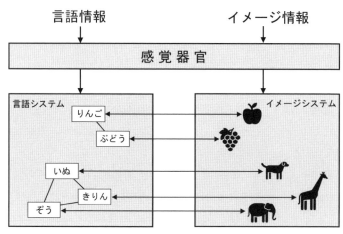

図8.2　二重符号化説の概念図（Paivo, 1986 を参考に作成）

画像がなければそれを自分で想像すればよい．そうやって，言語とイメージの両方の記憶を残しておけば，のちに思い出せる確率が高まるであろう．

◉ 8.2　わかりやすさが肝心

8.2.1　大きくはっきりと

　ビジュアル表現を使用する場合には，それを大きく，はっきりとわかるようにすることである．図8.3を見てほしい．(a) のスライドよりも (b) のスライドのほうが，ビジュアル表現が大きくて目立ち，インパクトがある．

　図8.4はいずれもハートである．どれがよいだろうか．どれが好きかではない．好き嫌いであれば，人によって意見が分かれるであろうが，どれが見た人にはっきり伝わるかである．やはり，輪郭が太い，(c) の図である．

　ここで，ビジュアルコミュニケーションで使用する文字のフォントについて

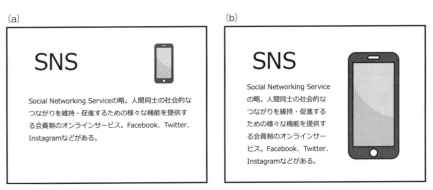

図8.3　ビジュアル表現の大きさによる印象の違い

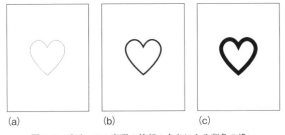

図8.4　ビジュアル表現の輪郭の太さによる印象の違い

も確認しておきたい．太い文字のほうが受け手にはっきりと伝わる．その点から考えれば，明朝体よりもゴシック体のほうがよいのである．

8.2.2　背景の役割

　図8.5には，変な形の黒い物体が中央に存在している．このとき，あなたは黒い物体に注目しており，それ以外の無地の領域は背景となっている．あなたが注目している箇所を「図」，それ以外の領域を「地」とよぶ．そして，図は手前に浮き出して見え，地は後方に退いて見える．私たちが何かを見たときには，図と地が分化する．

　図8.6では，黒い箇所に注目すれば2人の向かい合った顔に見えるし，無地の箇所に注目すれば盃のようなものに見える．これは「ルビンの盃」と名付けられた，図と地が入れ替わりうる図形である．このような図形を図地反転図形とよぶ．ここで重要なことは，「ルビンの盃」において顔と盃の両方が同時に見えることはないということである．もちろん素早く切り替えて見ることは可能だが，両方を同時に見ることはできない．なぜなら，一方が図になったらもう一方は地になるからである．

　図8.7は何に見えるであろうか．本書を読んでいるあなたなら，この展開か

図 8.5　図と地の分化

図 8.6　ルビンの盃

図 8.7　これは何か？

　　　　　(a)　　　　　　　　　　　　　(b)

図 8.8　背景の効果

らすぐに「LIFE」と読めるであろう．しかし，いきなりこの図を見せられた
場合，何の絵であるかわからない人が多い．変な形の5つの黒い塊としか見え
ない．人間は，小さな塊のような物が存在していたらそれを図と見る傾向があ
る．しかし，それを図として見ていては，いつまでたっても何かわからない．
背景だと思っているところに注目する必要がある．こうした人間の認知心理を
逆手にとって，だまし絵を作成することが可能なのだ．

　さて，図と地の観点からビジュアル表現のわかりやすさを考えるなら，背景
には背景の役割があることを意識したい．図8.8はどちらがよいか明らかであ
る．(b) のほうが，図（人の絵および言語メッセージ）と地のコントラスト
があるため，図がはっきりと見える．背景が背景の仕事をしている．(a) は，
図と地の明度が類似しているため，図が際立っていない．

　図8.9も，どちらがよいか明らかであろう．見せたい図同士（丘とメッセー
ジ）を重ねてはいけない．それぞれを地の上に置けば，それぞれがはっきりと
伝わる．

　　　　　(a)　　　　　　　　　　　　　(b)

図 8.9　背景の役割

図8.10　何の表示か？

(a) 具体的なビジュアル表現　　　(b) 抽象的なビジュアル表現　　(c) 文字入りのビジュアル表現

図8.11　さまざまなビジュアル表現

8.2.3　受け手が理解できるか

　図 8.10（a）は何の表示かすぐにわかるであろう．いうまでもなく非常口である．よく見かけるし，人が出口の方向に走っている絵を見れば何を示しているか理解できる．では，図 8.10（b）はどうだろうか．もちろん知っている人はいるかもしれないが，知らない人はこの絵を見て何を表しているか理解しにくいであろう．これは避難場所を表すピクトグラムである．しかし，人が穴に落ちていきそうな絵にも見える（実際には緑色なので，穴といった誤解は生じにくいのかもしれない）．

　ビジュアル表現は，受け手がそれを見て意味を理解できるかどうかが重要である．具体的な絵やイラストは，それが上手に描かれていれば伝わる（図 8.11（a））．しかし，世の中には抽象的なビジュアル表現も存在する．たとえば，道路標識の「進入禁止」や「安全地帯」などは，ビジュアル表現だけから意味を推測するのは困難であろう（図 8.11（b））．なお，ビジュアル表現に言語が加わっていれば，意味を理解できるようになる場合も多い（図 8.11（c））．

8.2.4　認知的葛藤を引き起こすな

　あなたは図 8.12（a）のようなエレベーターのボタンを押し間違えた経験は

ないだろうか. このボタンは, 三角形の向きが扉の開閉を示しているのである
が, なぜか逆を選択して押してしまうことがある. それは, ボタンのデザイン
の全体的印象が, 右 (閉) のほうが横方向に拡大して見えるからである. つま
り, 横方向の拡縮の印象が三角形の示す方向と一致しない. そのため押し間違
えが起きやすいのである. ビジュアル表現から感じる意味が2通り存在し, そ
れらが相反するものとなっていて, 見た人の頭の中で認知的葛藤が生じる.

最近では図8.12 (b) のような改良されたボタンが多くなっている. ボタン
の形状そのものが異なっており,「閉」は横幅が狭く,「開」は全体的に横長の
ボタンになっている. 認知的葛藤を防ぐための工夫である. ひらがなで「とじ
る」「ひらく」と書いてあるのも有効に機能する. これが漢字だと, どちらも
門構えで似ているため, 認知的葛藤が生じるかもしれない.

図8.13 (a) は認知的葛藤が生じる例である. 右側に避難させたいのであろ
うが, これでは迷ってしまう. 特に緊急時には, 人間はあわてているため, 思
わず左に行ってしまうかもしれない. 右に誘導したいのであれば図8.13 (b)
のようにすべきであろう.

認知的葛藤を実験的に引き起こすことも可能であり, それを実際に測定する
方法もある. これについては, 5.1.1項のストループ効果を参照されたい.

(a) 押し間違いの起きやすいボタン (b) 改良されたボタン

図8.12 エレベーターの開閉のボタン

(a)   (b)

図8.13 認知的葛藤が起きる表示 (a) と起きない表示 (b)

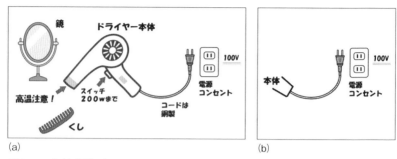

図8.14　不要な情報があるためわかりにくいビジュアル表現（a）と，不要な情報を省いたビ
　　　　ジュアル表現（b）（ワイルマン他，2002より）

8.2.5　不要な情報を省け

　ビジュアル表現の中に不要な情報が混在していると，伝えたいことがわかり
にくくなる．図8.14（a）がホテルの客室に置かれていたとしたら，あなたは
この絵で何を伝えたいのかわかるだろうか．おそらく，100Vに二重下線が引
いてあるので，このことを最も伝えたいのであろう．そうであれば，なぜくし
が描かれているのか．なぜ鏡が描かれているのか．不要なものがあるせいで，
伝えたいことが伝わりにくい．同様のことは第7章の「良い文章を書くため
に」でも述べた（7.1.1項参照）．コミュニケーションでは，無駄な情報を省
き，必要な情報を的確に伝えることが大切である．

◉8.3　レイアウト

8.3.1　群化に注意する

　図8.15はある大学のキャンパス内にあった案内板である．そのとき私は，
文科系学部に行きたかった．てっきり左前方に進めばよいものだと思い，行っ
てみたが見当たらない．結局，再びここに戻って来ることになる．よく見る
と，最下部のパネルの右側に，右後方へ誘導する矢印が描かれているではない
か．私は，文字とそれに最も近い矢印とを，一体として見てしまったのであ
る．
　私たちは何かを見るとき，関連するもの同士をひとまとめにして知覚する．
これを群化とよぶ．群化が成立するかどうかに関しては法則性がある．以下で

図 8.15 筆者が行先を間違った案内表示
※現在はこの案内表示は存在しない

は，群化の要因について主要なものを4つ解説しよう．

図 8.16 (a) には8本の線分が並んでいる．等間隔で並んでいるため，特にまとまりは感じない．しかし，図 8.16 (b) のように少し移動させると4つのまとまりが見えてくる．近くにあるもの同士がまとまりを形成するのである．これを近接の要因とよぶ．

つぎに，(b) の状態で線分の上下に短い線を書き加えると，異なるまとまりが見えてくる（図 8.16 (c)）．付加した短い線によって閉ざされた空間が感じられるようになったためである．これを閉合の要因とよぶ．

図 8.16 (d) は8個の円である．特にまとまりは見えない．この円に模様をつけよう（図 8.16 (e)）．同じ模様同士でまとまりを感じるようになる．これ

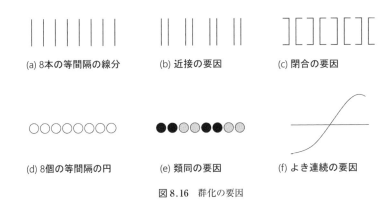

(a) 8本の等間隔の線分   (b) 近接の要因   (c) 閉合の要因

(d) 8個の等間隔の円   (e) 類同の要因   (f) よき連続の要因

図 8.16 群化の要因

を類同の要因とよぶ. 類同の要因は, 模様だけではなく, 色でも形でも生ずる. たとえば, 三角と四角に描き分けても同じ形同士がまとまりを形成する.

　図 8.16 (f) は, 一本の水平線と, 右上から左下への一本の曲線に見えるであろう. 右側に鳥のくちばしのような形, 左側にカタカナの「フ」のような形があり, それらの鋭角部分が真ん中で接していると見ることもできなくはない. しかし, 私たちはそのようには見ず, 水平線と曲線ととらえる. そのほうが連続性がよいからである. これをよき連続の要因とよぶ.

　私たちがグラフを作成するとき, 群化の要因を考慮することが多い. たとえば, 図 8.17 (a) のように, 同じ会社はバーを隣り合わせる (近接の要因) し, 東京と大阪のそれぞれでバーの模様を統一する (類同の要因). また, 時系列のグラフを作成する際には, 図 8.17 (b) のように折れ線グラフにするであろう. そうすることで,「まさる」は上昇傾向,「こうじ」は下降傾向ということが一目でわかる (よき連続の要因).

　しかし, 世の中には群化の要因を考慮せずに作成されたビジュアル表現もある. 図 8.18 (a) は, 道路工事中に一時的に置かれていた案内標識である.「大学病院」へ行くには直進だろうか, 右折だろうか. 近接の要因が働くように, もう少し「大学病院」をどちらかの矢印に寄せてほしい. その後, 工事が終わり, 支柱に取り付けられた案内標識では, 行先表示はわかりやすくなっていた (図 8.18 (b)).

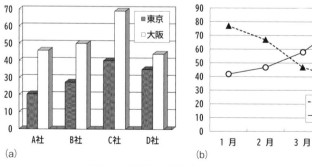

図 8.17　群化の要因を考慮したグラフ作成

図8.18 わかりにくい案内標識 (a) と改善版 (b)

8.3.2 視線の移動は少なく

　図8.19 (a) のグラフはなんとなく読み取りにくい. なぜだろうか. それは, 見る人が視線を頻繁に動かすことを強いられるせいである. 結果を読み取るとき, それぞれのバーが何を表しているのかを理解する必要がある. そのためには, 丸付き数字を頼りに, バーと項目とを行き来しなければならない. さらに, 「第1位は何か」「第2位は何か」のように, 順位を読み取ろうとすると, バーの高さの順に, 横方向の視線の移動も頻繁に生ずる. 視線の移動を少なくするには, 図8.19 (b) のようなグラフが望ましい.

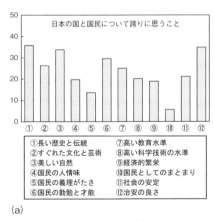

(a)

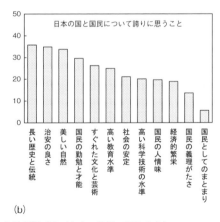

(b)

図8.19 視線の移動が多いグラフ (a) と改善版 (b) (山本・海保, 2001 より)

8.3.3　言語情報は構造化してメリハリを

　スライドやポスターの中には，言語情報が入ることも一般的である．では，その際にどのようなことに気をつける必要があるだろうか．

　図8.20（a）の「ダイエット大作戦」は，11か条もあってダイエットに挑戦したい人でもあまり読む気にならないかもしれない．しかし，内容をよく見ると，上の6つは食事のこと，下の5つは運動のことを述べている．そうであれば図8.20（b）のようにすべきである．全体の構造をとらえやすくするために，文字の大きさやフォントにメリハリをつけたほうがよい．

［ダイエット大作戦］
1．食事は腹8分目。
2．蛋白質摂取量を減らさない。
3．ビタミン摂取量を減らさない。
4．カロリー制限は主に脂質、糖質で行う。
5．極端に空腹にならないようにする。
6．ゆっくり食べることで、かえって早く満足感が得られる。
7．過激な運動は避ける。
8．カロリー消費のための運動は20分以上の持続時間が必要。
9．筋肉強化の運動は基礎代謝量を増やし、非運動時にもカロリー消費できる。
10．運動後の水分補給が大切。
11．運動後の電解質の補給が大切。

(a) 構造化されておらず、メリハリもない表現

［ダイエット大作戦］
1．食事のポイント
＊ 食事は腹8分目。
＊ 極端に空腹にならないようにする。
＊ ゆっくり食べることで、かえって早く満足感が得られる。
＊ じゅうぶんな栄養素をとる。
　－ 蛋白質摂取量を減らさない。
　－ ビタミン摂取量を減らさない。
＊ カロリー制限は主に脂質、糖質で行う。
2．運動のポイント
＊ 過激な運動は避ける。
＊ カロリー消費のための運動は20分以上続ける。
＊ 筋肉強化の運動は普段のカロリー消費も増やす。
＊ 運動後の補給が大切。
　－ 水分
　－ 電解質

(b) 構造化され、メリハリのある表現

図8.20　構造化とメリハリ（藤原, 1999）

図 8.21 メリハリとインパクトのあるポスター（a）と
言語情報にメリハリのない架空のポスター（b）
（（a）：一般社団法人 日本民営鉄道協会より画像提供）

　図 8.21（a）は非常にインパクトのあるポスターである．「人をぶっちゃダメなんだよ」というメッセージが大きく描かれ，他の小さな言語情報とのメリハリがよい．メッセージが子ども視点であり，子どもの筆跡である点も，他の情報とのメリハリを際立たせている．無地の背景も非常に良い仕事をしている．もしも，こうしたメリハリをつけずに言語情報を列挙すると，図 8.21（b）のようになり，まったくメッセージが伝わらないポスターになってしまう．

8.3.4　同型性に配慮せよ

　図 8.22（a）は，黒板に描かれた座席表示であるが，これを見て自分の座席

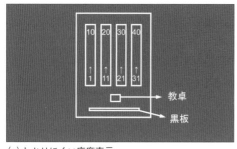

(a) わかりにくい座席表示　　　　　　　　(b) わかりにくい建物案内

図8.22　同型性に配慮されていないビジュアル表現（海保，1992を参考に作成）

を間違える受験生がいるであろう．よく見ると黒板が下なのである．受験生は黒板に向かってそのビジュアル表現を見ている．そうであれば，黒板は上に書かなければならない．ビジュアル表現で示されている状況と受け手の環境との一致性について，海保は同型性という用語を用いている（海保，1992）．つまり，図8.22（a）は同型性に配慮されていないビジュアル表現である．

　図8.22（b）に示した建物案内も同型性に配慮されていない例である．建物を目の前にした人にとっては，下から1階，2階，3階と記されているほうが自分が見ている状況に一致する．そのビジュアル表現が掲示される場所をよく認識して，同型性に配慮したビジュアル表現になるように留意する必要がある．

文　献

Bransford, J. D., & Johnson, M. K. (1973) Considerations of some problems of comprehension, In W. G. Chase (Ed.), *Visual Information Processing* (pp. 383-438), New York: Academic Press

藤沢晃治（1999）『「分かりやすい表現」の技術　意図を正しく伝えるための16のルール』，講談社（新装版も刊行されている）

海保博之（1992）『一目でわかる表現の心理技法―文書・図表・イラスト』，共立出版

Paivio, A. (1986) *Mental Representations: A Dual Coding Approach*, Oxford University Press

山本博樹・海保博之（2001）『人を動かす文章づくり―心理学からのアプローチ』，福村出版

ワイルマン，R. E. 他（2002）『ビジュアル・コミュニケーション―効果的な視覚プレゼンの技法』，北大路書房

◎ 8-2（8-1 の修正）

風船が破裂したならば，その音は届かないだろう．目的の階から遠すぎるからだ．窓が閉まっていてもダメである．マンションは遮音効果が良いからだ．電流が安定して流れることが重要だ．電線が切れてしまったらおしまいである．もちろん，男は叫ぶことはできる．だが，人間の声はそんなに遠くまで届くほど大きくはない．もし楽器の弦が切れてしまったら，男は伴奏なしで歌わなければならない．一番いいのは距離が近いことである．面と向かえば，問題はまったくないはずだ．

[Bransford & Johnson, 1973]

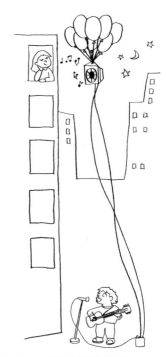

図 8.23　文章と理解のための挿絵（Bransford & Johnson, 1973 を参考に作成）

第9章 対人魅力とコミュニケーション

　人間はどのような人に対して魅力を感じ，好意を抱くのであろうか．この問題は，対人魅力というテーマで古くから研究されてきた．そして，対人魅力に関与する要因が複数存在することが明らかになっている．本章では，対人魅力の要因について，具体的な研究例を挙げながら解説し，それらの多くがコミュニケーションと密接な関連があることを論じる.

◉ 9.1　対人魅力の要因

9.1.1　身体的魅力

　一般的に容姿やスタイルなど身体的魅力が高い人ほど好まれる．イケメンやかわいい子が好まれるわけである．これは多くの人が納得することであろう.

　ウォルスターら（Walster *et al.*, 1966）は大学生を対象にダンスパーティーの実験を行った．事前に参加者の身体的魅力度が第三者によって評価されていた．ダンスパーティーでは男女がランダムに組み合わせられペアとなった（参加者には「コンピュータが適切な相手を選んだ」と告げられていた）．パーティーの休憩時間に，参加者にパートナーに対する好意度や「またデートしたい」かが尋ねられた．その結果，男性も女性も，また本人の身体的魅力度にかかわらず，パートナーの身体的魅力度が高い場合に好意度が高く，「またデートしたい」と回答する割合も高かった.

　身体的魅力度が高いと，その人の行動や性格についても有利な判断がされやすい．ディオン（Dion, 1972）は，女子大学生に，7歳の子どもが行った攻撃行動（たとえば，他の子に雪玉を投げる，犬に石を投げるなど）に関する記述文を読ませ，その行動や子どもに対する評価をさせた．記述文書の片隅には子どもの写真が貼られており，見た目がかわいい子の場合とそうでない子の場合があった．実験の結果，当該の攻撃行動が好ましくないと判断される傾向は，かわいい子の場合には弱まることがわかった．子どもの性格面の評価に関して

も，かわいくない子はかわいい子に比べて，より不誠実であり，意地悪な子で
あるといった評価がなされた.

　大学生を対象とした模擬裁判の実験もある（Sigall & Ostrove, 1975）．裁か
れるのは女性で，犯罪は窃盗（隣人の部屋に不法侵入し，現金 2200 ドルと物
品を盗んだ）であった．大学生は調書を読んで量刑を決める．調書には被告人
の写真が右上に貼られていた．写真は，美人の女性とそうでない女性のものが
あり，そのいずれかが貼付されていた．調書内の文章はまったく同じであっ
た．実験の結果，美人の写真が貼付された調書の場合に量刑が軽くなった．と
ころが，さらに興味深いことに，犯罪を窃盗ではなく詐欺（中年独身男性に取
り入って，架空の会社に 2200 ドル投資させた）にすると，この傾向が逆転し
た．すなわち，詐欺罪の場合は美人のほうが量刑が重くなったのである（統計
学上は美人でない女性よりも有意に重いとまではいえなかったが，少なくとも
窃盗罪で見られた有利さは消滅した）．自分の美貌を利用して詐欺を行った悪
い女性であるといった判断が働いたのであろう．いずれにしても，外見的魅力
が人間の判断に影響を与えることは明らかであり，一般的には外見的魅力の高
い人に有利になることが多い.

9.1.2　空間的近接性

　私たちは自分の近くにいる人のことを好きになる傾向がある．同じクラス，
同じサークル，同じ職場など，近場で男女のカップルが成立することが多い.
そして，クラスや職場が変わると，関係が消滅することもしばしば起こる．近
くにいることが重要なのである．これが空間的近接性の要因である.

　フェスティンガーら（Festinger *et al.*, 1950）は，学生アパート 17 棟（2 階
建て，各階 5 部屋）が立ち並ぶコミュニティ内の住人を対象に，コミュニティ
内でよく会う友人 3 人を挙げてもらう調査を行った．学生はすべて夫婦で入居
しており，妻が調査対象であった．調査の結果，自分の部屋に近い人ほど友人
として選択される確率が高かった．選択率は，部屋の距離ごとに，実際に選択
された人数を選択可能な人数で割った数で算出された．選択可能な人数は，た
とえば同じ階で距離 1（隣の部屋）ならば，5 部屋のうち両端の部屋は 1，そ
れ以外は 2 で，それが 2 階×17 棟分あるため，計 272 となる．実際の選択数

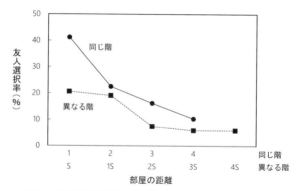

図9.1　部屋の距離ごとの友人選択率（Festinger *et al.*, 1950）

　が112人であったため，選択率は0.41である．このようにして算出された部屋の距離ごとの友人選択率を図9.1に示す．同じ階の人のほうが異なる階の人よりも選択率が高く，いずれの階の場合も距離が離れるほど選択率が低くなっている．

　なぜ，空間的近接性が重要なのであろうか．それは，近くにいると相手との接触の機会や相互作用の回数が多くなるためである．一般的な言い方をすれば，人は他者に会えば会うほど好きになる傾向がある．これは単純接触効果とよばれている（Zajonc, 1968）．

　単純接触効果を検証した実験を紹介しよう．モアランドとビーチ（Moreland & Beach, 1992）は，身体的魅力度が同程度の女性4名に協力してもらい，学期中に実施された40回の授業へ何度か出席してもらった．各協力女性の出席回数は，0回，5回，10回，15回であった．学期の終了時に，同じ授業に出席していた他の受講生に女性4名の顔写真を提示して各女性の魅力度を評価してもらったところ，出席回数の多い女性ほど魅力度が高かったのである．また，ミタら（Mita *et al.*, 1977）は，女子大学生とその友人・恋人を対象に，女子大学生本人の普通の写真とその左右を反転させて印刷した鏡映写真とを用いて，どちらが好きかを尋ねる実験を行っている．実験の結果，友人や恋人は普通の写真を選択する傾向が高いのに対して，本人は鏡映写真を選択する傾向が高かった．他者は本人の普通の顔を見ることがほとんどであるのに対して，本人は鏡に映った顔を見ることが圧倒的に多いためであり，これは単純接触効果を

支持する結果といえる.

　会えば会うほど好きになるというと，その逆のこともあると思い当たる人もいるであろう.「会えば会うほど嫌いになる」タイプである．その違いは何であろうか．それは，相手に対して抱く印象と関係しているようである．パールマンとオスカンプ（Perlman & Oskamp, 1971）は，大学生を対象に，人物の写真を見せて評価を求める実験を行った．評価対象の人物の写真として，証明写真（中立的写真），適切な服装で社会的に評価される状況や活動の写真（ポジティブ写真），だらしない服装で社会的価値の低い状況や活動の写真（ネガティブ写真）の3種類が用意された．実験参加者はまず，中立写真に対して複数の観点（たとえば，感じが良い，立派な，など）で7段階評価を行った．その後，実験参加者は何枚もの写真を連続で見せられるのであるが（1枚につき2〜3秒間），その中には，評価対象の人物について3種類の写真のいずれか1つが含まれており，その提示回数は，0回（1回も出てこない），1回，5回，10回のいずれかになっていた．写真提示終了後，実験参加者は評価対象の人物の中立写真に対して，事前に行ったものと同じ観点で7段階評価を行った（事後評価）．図9.2に実験の結果を示す．横軸は写真の提示回数，縦軸は事前から事後にかけての評価の変化量である．ポジティブ写真に対しては単純接触効果が見られる．見る回数が多くなるほど評価が上昇していくことがわかる．中立写真では，評価の変化量が少なく，10回見たときにやや上昇する．一方，

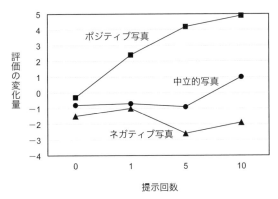

図9.2　写真の種類による単純接触効果の違い
（Perlman & Oskamp, 1971）

ネガティブ写真では評価が下降することがわかる．つまり，見れば見るほど評価が下がるのである．以上のことから，あまり好ましいと感じない相手には単純接触効果が表れず，むしろ「会えば会うほど嫌いになる」可能性が高い．

　関連して，遠距離恋愛のことも考えておこう．遠距離恋愛がうまくいかないといわれる原因は，単純接触効果が期待できないためである．よくある事例は，遠距離になったことでなかなか会えなくなり，そのうち，それぞれが自分の近場で別の人を好きになって，自然消滅するというパターンである．それぞれの近くにいる人に対して単純接触効果が働くのである．そういってしまうと遠距離恋愛の人には元も子もないので，そのような人のためにアドバイスをしよう．離れているといっても，たまには会いに行くことがあるであろう．会うためには，時間もかかるし，交通費もかかる．そのとき，つぎのように思うとよい．「こんなに時間もお金もかけて会いに行っているということは，私はあの人のことがそれほど好きなのだ」と．3.1.2 項で解説した自己知覚理論である．人間は自分の行動から自分の内面を推測し，自分のことを理解する．それを応用するわけである．

9.1.3　類似性

　人間は自分と考え方や価値観の合う人を好む傾向がある．やはり，相手が自分と類似した部分をもっていると安心できる．

　バーンとネルソン（Byrne & Nelson, 1965）は，アンケート調査票を用いて以下のような実験を行った．まず，実験参加者には調査票に回答してもらった．調査はさまざまな社会的事象に対する参加者の態度を問うものであった．アンケートへの回答後，研究者は参加者の回答結果から，架空のアンケート回答票を作成した．具体的には，当該の参加者の回答と類似の程度を 100％，67％，50％，33％のいずれかに操作した．そして，その回答票を参加者に渡して，その回答をした人がどのような人物だと思うかを 1〜7 で判断させた．知性や道徳性などの 6 項目が用意されており，そのうちの 2 項目が魅力度を測るものであった（好きだと感じるか，一緒に仕事をするのが楽しいと思うか）．この 2 項目の点数（2〜14）が魅力度の指標とされた．実験の結果は，類似度が高いほど魅力度も高いというものであった．バーンらはこの研究以外にも同

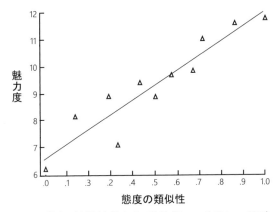

図 9.3 態度の類似性と魅力度の関係（Byrne & Nelson, 1965）

様の実験を多数実施しており，一連の研究データに基づいて，類似性と対人魅力には直線的な関係があることを示している（図 9.3）．

　類似性が重要である理由は，ハイダー（Heider, 1958）のバランス理論によってうまく説明することができる．バランス理論では，2人の人間（PとO）と対象Xの3つの関係を問題にする．仮にPをあなた，Oを相手，Xを野球の巨人軍としよう．あなたは巨人のファンである．Oさんも巨人ファンだということがわかった．あなたはOさんのことをどう思うだろうか．肯定的な感情を抱くであろう．図 9.4（a）のような関係である．では，つぎのような状態はどうであろうか．あなたは巨人が嫌いである．Oさんも巨人が嫌いであることがわかった．この場合もあなたはOさんに対して肯定的な感情を抱くであろう．図 9.4（b）の関係である．

　バランス理論では，上述したPOXをそれぞれ頂点とする三角形を描き，その3辺上にプラスかマイナスの符号を置く．そして，3つの符号の掛け算を行ったとき，答えがプラスになった場合には，この三者関係は安定した状態であると考える．一方，答えがマイナスになった場合には，不安定な状態であると考える．上述の2つの状態はいずれも安定した状態である．

　では，つぎのような状態はどうであろうか．あなたとOさんは友人である．そして，あなたは巨人ファンである．しかし，Oさんは巨人が嫌いだという．あなたはどのような気持ちになるだろうか．なんとなく居心地が悪い気がする

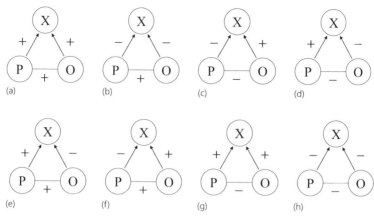

図9.4　バランス理論で想定されるPOX状態（a〜dは安定状態，e〜hは不安定状態）

だろう．この状態は図9.4（e）で，3つの符号の積はマイナスなのである．このとき，あなたがこの三者関係を安定状態にするためにはどうすればよいだろう．1つはあなたが巨人ファンをやめることである（図9.4（b））．しかし，熱烈な巨人ファンはそう簡単にはファンをやめない．もう1つの方法は，あなたがOさんのことを嫌いになることである（図9.4（d））．このように，バランス理論では，POXの3者が不安定な状態になっているとき，人はそれを解消するため自分の態度を変化させて安定状態を作ろうとすると考える．

　図9.4にはバランス理論で想定されうるすべての組み合わせがあるが，上の4つが安定状態，下の4つが不安定な状態である．そして，安定状態であなたとOさんとがプラスの関係になっているのは（a）と（b）の2つだけである．つまり，あなたと相手とがある対象に対して，同じ考えや態度をもっているときにプラスの関係で安定する．安定した人間関係には類似性が必要なのである．

9.1.4　相補性

　類似性とは逆に，自分とは異なる人のほうが好きだという人もいるだろう．それもまた対人魅力の要因の1つであり，相補性とよばれている．ウィンチ（Winch, 1958）は，結婚したカップルを対象に夫婦それぞれの欲求の強さに関する面接調査を行い，たとえば支配欲求の強い人と弱い人のカップルや，養護

欲求（相手を守ってあげたい）と救護欲求（相手からか守ってもらいたい）をもつカップルは，良好な関係になりやすいことを示した．

　ここで大事なことは，単に相手が自分にないものをもっているだけでは相補性は成立しないことである．「相補性」は「相互に補う性質」と読める．つまり，相手が自分にないものをもっていると同時に，あなたも相手がもっていない何かをもっている必要がある．自分にないものをねだるだけではなく，それぞれが必要としているものをお互いに与えられる関係でなければならない．

　相手を引っ張っていきたい人と相手についていきたい人，外で働いて稼ぐ人と家事をする人など，互いの欲求や役割の相補性によって成立している関係は多い．1990年ごろに「アッシーくん」とよばれる男性が存在した．かっこいい車を所有していて，特定の女性を送り迎えする男性を指した言葉である．この関係も一種の相補性といえるかもしれない．女性にとっては送り迎えしてほしい，行きたいところに連れて行ってほしいという欲求を，男性にとっては，女性と一緒にいたい，助手席に乗せたいという欲求を，それぞれ満たしてくれる存在だったのであろう．

　類似性と相補性は正反対の要因であるように思われる．どちらが重要なのであろうか．この点に関しては，人間関係の発展段階と関係すると考えられている．具体的には，出会いの初期から中期にかけては類似性が重要であり，その後，関係を発展・維持させていくためには相補性が重要であると考えられている．すなわち，対人魅力の要因は人間関係の発展段階ごとに異なるのである．

　マースタイン（Murstein, 1970）のSVR理論では，人間関係の発展過程が3段階に分けられ，それぞれの段階で重要となる要因を以下のように仮定している．関係初期は刺激（Stimulus）段階であり，相手から受ける刺激に魅力を感じる段階である．ここでは身体的魅力が重要になる．関係中期（発展期）は価値（Value）段階であり，相手と価値を共有する段階である．ここでは類似性が重要になる．そして，関係後期（安定期）は役割（Role）段階であり，互いの役割を補い合う段階である．ここでは相補性が重要になる．

9.1.5 他者からの好意の表明

　それまでは気にも留めていなかった人が，実はあなたに好意を抱いているこ

とがわかったとき，あなたはその人のことが気になりだすであろう．もしかしたら好意が芽生えはじめるかもしれない．私たちは自分のことを好きでいてくれる人のことを好むのである．

　このことを検証するため，バックマンとセコード（Backman & Secord, 1959）は，大学の新入生の中からお互いにまったく知らない同性の 10 人グループを 3 つ作ってグループ討論を行う実験を行った．実験参加者は最初のクラスで性格検査を受けていた．討論前に，参加者には個別に，最初の性格検査の分析からあなたに好意をもっているであろう 3 人の名前が知らされた．15 分間のグループ討論を行った後，実験参加者は，のちに行うペア活動のパートナーとして希望するメンバーを第 3 希望まで選ぶように言われた．その結果，実験参加者は討論前に知らされた 3 人に対して，彼らを希望パートナーとして選択する傾向が高かったのである．

　他者からの好意的な評価はその人に対する魅力を高める．しかし，人間の心はうつろいやすい．他者のあなたに対する評価がいつも同じとは限らない．では，相手からの評価に変化が生じたときにはどう感じるだろうか．状況を単純化して考えてみよう．いま 4 人の人がいるとする．A さんは，あなたを一貫して好意的に評価している人である．B さんは，初めはあなたに非好意的な評価をしていたが途中から好意的な評価をするようになった人である．C さんは，あなたに一貫して非好意的な評価をしている人である．D さんは，初めはあなたに好意的な評価をしていたが，途中から非好意的な評価を示すようになった人である．さて，あなたが最も魅力を感じるのはどの人であろうか．

　この問題に対して，アロンソンとリンダー（Aronson & Linder, 1965）は，女子大学生 80 名を対象として巧みな実験を行った．対象となった女子学生は，ハーフミラーで隣の実験室の様子や音声が聞こえる観察室に通されて，実験者から，この後やって来る別の女子学生に対する実験のサポート役になってほしいと言われる．数分後にもう 1 人の女子学生がやって来て隣の実験室に入るのであるが，この学生はサクラ（実験者側で事前に協力を依頼した偽りの実験参加者）であり，あらかじめ言動を指定されていてその演技をすることになる．サポート役となった真の実験参加者はそのことを知らない．サポート役の学生は，①実験室でサクラと会話をし，その後，隣の観察室に移動して，②実験者

とサクラが交わす会話をこっそりとチェックする（サクラの発話の中に複数形の名詞の出現数を数える）ことになっている．これを7回繰り返す．実験者とサクラの会話の中で，サクラはサポート役の学生に対する評価を語りはじめる．つまり，サポート役の学生（真の実験参加者）は，思いもよらず，相手の学生から自分に対する評価を7回聞くことになる．評価のパターンとして4つの条件が設定されており，7回のうちの前半も後半もサクラがポジティブな評価を述べる「P-P条件」，前半も後半もネガティブな評価を述べる「N-N条件」，前半はポジティブ，後半はネガティブな評価を述べる「P-N条件」，前半はネガティブ，後半はポジティブな評価を述べる「N-P条件」である．真の実験参加者はどれか1つの条件に割り当てられ，実験終了後，サクラに対する好意度を−10（非常に嫌い）から＋10（とても好き）までの点数で評価した．

サクラに対する評価結果を表9.1に示す．P-P条件よりもN-P条件のほうが好意度が高い．すなわち，ずっとポジティブな評価をしてくれる人よりも，最初ネガティブな評価をしていた人が途中からポジティブな評価をするようになったほうが，その人に対する好意度が高くなったのである．これは，最初存在しなかったポジティブな評価が途中で得られることによるものであり，ゲイン効果とよばれている．また，逆の現象も認められる．N-N条件よりもP-N条件のほうが好意度が低い．最初存在したポジティブ評価が途中で失われることによるもので，これはロス効果とよばれている．

ちなみに，ゲイン効果を得るためには，前半でネガティブな評価をしておく必要がある．アロンソンらは，中立的な評価からポジティブな評価に変化した場合には，その人に対する好意度はP-P条件と差がなかったことも報告している．

表9.1　相手からの評価の変化と相手に対する好意度
(Aronson & Linder, 1965)

P-P条件	N-P条件	N-N条件	P-N条件
6.42	7.67	2.52	0.87

注）数値は実験参加者のサクラに対する平均評価点

9.1.6　適切な自己開示

　自己開示について3.3節で解説した．一般的に，内面的な自己開示をする人は，当たり障りのない表面的な自己開示しかしない人よりも好まれる傾向がある（Collins & Miller, 1994）．しかしながら，自己開示は時期や相手を選んで行う必要がある．出会いの頃は自己開示の量も少なく，内容も表面的なものが多い．関係が進んだ段階で量も多くなり，内容も深くなる．よって，相手との親しさの段階にふさわしくない自己開示を行うと問題が生じる．たとえば，関係初期の段階でのプライベートすぎる内容の自己開示は，その人の魅力を高めるどころか，聞き手側に不信感や嫌悪感を生じさせるだろう．適切な時期に，適切な自己開示をすることが大切である．

9.1.7　錯誤帰属

　ドキドキしているときには恋に落ちやすいという話を聞いたことがないだろうか．心拍数の上昇や興奮による精神的高揚など，なんらかの生理的喚起が生じている状況では，異性に対して魅力を感じてしまうことがある．これを検証したのがダットンとアロン（Dutton & Aron, 1974）のつり橋実験である．峡谷にかかった長さ137 m, 幅1.5 mの大きく揺れるつり橋（高さ70 m）を渡ってくる18歳から35歳の男性に，女性実験者が声をかけて実験が行われた．課題は絵から自由に物語を作ってもらうものであった．課題が終わった後，女性実験者は時間のあるときに実験の詳細を説明してもよいと述べ，電話番号を男性に渡して実験は終了した．これを頑丈な橋の上で行った場合と比較すると，つり橋で声をかけられた男性のほうが電話をかけてくる割合が高かった．この結果は，男性が揺れるつり橋を渡ることで生じた生理的喚起を，女性に対する魅力から生じたものだと勘違いしたことによるものであると解釈された．このように，生理的喚起に対する誤った原因帰属が生じることで，他者に対して魅力を感じてしまうことがあり，錯誤帰属とよばれている．

　このことに基づけば，生理的喚起が生じやすい状況では他者を好きになりやすいといえるかもしれない．遊園地には，お化け屋敷やジェットコースターなど錯誤帰属を引き起こしやすいものが多い．スポーツを行った直後も運動による生理的喚起が生じているので，錯誤帰属が起きやすいだろう．お酒を飲んだ

ときも，アルコールによる生理的喚起で錯誤帰属が起きるかもしれない．

ロミオとジュリエット効果とよばれている心理現象がある．互いに好意を抱いている2人が，親や周囲から交際を反対されればされるほど，相手に対する好意が高まっていく現象である．これも交際を反対する人たちへの怒りによって高まった生理的喚起を，相手に対する恋愛感情と錯誤するために生じるものと考えられる．

● 9.2 好意を生み出すコミュニケーション

他者から好意を得るためのコミュニケーションについて，対人魅力の要因に基づいて考察してみよう．前節で挙げた要因のうち，錯誤帰属以外のすべてが，なんらかのコミュニケーションになっていることに気づいてほしい．

身体的魅力に関しては，もともとの容姿やスタイルは大きく変えることはできないが，服装，髪型，化粧などで，外見を整えることは可能である．それによって相手に良い印象を与えることができる．これは身だしなみによる非言語コミュニケーションである（2.2.8項参照）．空間的近接性は対人距離である．近い距離にいることで，非言語の好意的なメッセージを伝えることができる（2.2.4項参照）．類似性と相補性に関しては，互いにどのような類似性があるか，また互いにどのような面で補い合えるのかは，会話して言葉で伝えないとわからない．言語コミュニケーションが必要である．好意の表明は，自分の気持ちをストレートに伝えるコミュニケーションである．好意を伝えることで相手からも好意を得ることができる．言語で伝えることもできるが，表情や視線など非言語で示すことも可能である．適切な時期の適切な自己開示も，まさに自分のことを他者に伝えるコミュニケーションである．

表9.2 対人魅力の要因と好意を生み出すコミュニケーション

対人魅力の要因	好意を生み出すためのコミュニケーション
身体的魅力	外見に気をつけよう
空間的近接性	いつも近くにいよう
類似性	共通の話題を見つけよう
相補性	補い合えることを伝えよう
他者からの好意の表明	自分の好意を示そう
適切な自己開示	適切なレベルで自分の心を打ち明けよう

以上のことを表9.2にまとめておこう．ただし，ぜひ状況や相手をよく考え
てコミュニケーションをとってほしい．好意を生み出すコミュニケーションの
ヒントではあるが，こうすれば絶対うまくいくというものではない．コミュニ
ケーションにマニュアルはないのである．

文　献

Aronson, E., & Linder, D. (1965) Gain and loss of esteem as determinants of interpersonal attractiveness, *Journal of Experimental Social Psychology*, **1**, 156–171

Backman, C. W., & Secord, P. F. (1959) The effect of perceived liking on interpersonal attraction, *Human Relations*, **12**, 379–384

Byrne, D., & Nelson, D. (1965) Attraction as a linear function of proportion of positive reinforcements, *Journal of Personality and Social Psychology*, **1**, 659–663

Collins, N. L., & Miller, L. C. (1994) Self-disclosure and liking: A meta-analytic review, *Psychological Bulletin*, **116**, 457–475

Dion, K. K. (1972) Physical attractiveness and evaluation of children's transgressions, *Journal of Personality and Social Psychology*, **24**, 207–213

Dutton, D. G., & Aron, A. P. (1974) Some evidence for heightened sexual attraction under conditions of high anxiety, *Journal of Personality and Social Psychology*, **30**, 510–517

Festinger, L. *et al.* (1950) *Social Pressures in Informal Groups: A Study of Human Factors in Housing*, Stanford, California: Stanford University Press

Heider, F. (1958) *The Psychology of Interpersonal Relations*, New York: Wiley

Mita, T. H. *et al.* (1977) Reversed facial images and the mere-exposure hypothesis, *Journal of Personality and Social Psychology*, **35**, 597–601

Moreland, R. L., & Beach, S. R. (1992) Exposure effects in the classroom: The development of affinity among students, *Journal of Experimental Social Psychology*, **28**, 255–276

Murstein, B. I. (1970) Stimulus-value-role: A theory of marital choice, *Journal of Marriage and Family*, **32**, 465–481

Perlman, D., & Oskamp, S. (1971) The effects of picture content and exposure frequency on evaluations of negroes and whites, *Journal of Experimental Social Psychology*, **7**, 503–514

Sigall, H., & Ostrove, N. (1975) Beautiful but dangerous: Effects of offender attractiveness and nature of the crime on juridic judgment, *Journal of Personality and Social Psychology*, **31**, 410–414

Walster, E. *et al.* (1966) Importance of physical attractiveness in dating behavior, *Journal of Personality and Social Psychology*, **4**, 508–516

Winch, R. F. (1958) *Mate-Selection: A Study of Complementary Needs*, New York: Harper

Zajonc, R. B. (1968) Attitudinal effects of mere exposure, *Journal of Personality and Social Psychology* (Monograph Suppl., Pt. 2), 1–27

第10章　実社会でのコミュニケーション

　本章では，教育，医療，災害場面でのコミュニケーションを取り上げる．教育に関しては，筆者が大学教員として実践している「教えるコミュニケーション」について解説する．医療に関しては，医療従事者から患者への「説明するコミュニケーション」について，筆者と共同研究者が行った研究例を挙げながら解説する．災害に関しては，災害時の「避難を呼びかけるコミュニケーション」のあり方について，災害時の人間の心理とともに注意すべき点を述べる．本章の内容は，その領域や現場にかかわる人のみならず，それ以外の人にとっても自身のコミュニケーションを考えるうえで参考になるものである．

◉ 10.1　大学教員の教えるコミュニケーション

　私は 2010 年度から 2019 年度まで，東北大学の大学教育支援センターが実施しているセミナーで，授業づくりや授業運営についての講師を務めてきた．本節ではセミナーで話してきた内容を中心に，教員の教えるコミュニケーションについて解説したい．教員に限らず，他者に話をして何かを理解してもらいたいときに，どのような工夫をすればよいのかに関して，多くのヒントが得られるものとなっている．

10.1.1　話し方とスライド資料

　話し方は情報を伝えるための基本である．教員は明確に情報を発信しなければならない．第 8 章のビジュアルコミュニケーションで「大きく，はっきりと」という点を強調した（8.2.1 項参照）が，それは授業のコミュニケーションにおいても同様である．大きな声ではっきりと話さなければ学生に伝わらない．「先生の声が小さくてよく聞こえない」「早口で聞き取りにくい」などのコメントを，学生による授業評価の自由記述欄で見かけることがある．

　大学の授業では多くの教員がスクリーンにスライドを提示しながら授業を行う．スライドの作成方法については第 8 章を参照してほしい．一般に教員は 1

枚のスライドに情報を詰め込み過ぎる傾向がある．それによって文字が小さくて読めなかったり，図が見づらくなってしまったりする．

　スライドを印刷して配布する教員も多い．ただし，スライドの配布については賛否が分かれる．授業後に学生が復習のために利用できるというメリットがある一方で，学生がそれを得ることで安心してしまい，授業を聞かなくなるといったデメリットもあるからである．学生側からはスライドを配布してほしいという声が多い．復習時に必要という理由の他にも，ある学生は「授業中に集中力が途切れたとき，手元に何もないとその後ついていけなくなる」という意見を述べてくれた．

10.1.2　理解を支援する方法

　教員は授業内容を学生に理解してもらう必要がある．以下では，理解を支援するための工夫について述べる．

1）構造化と先行オーガナイザー

　授業は1つのまとまりのある談話である．多くの場合90分という時間で提示される．談話であれば，そこにはおのずと構造的なまとまりが必要である．

　6.2.4項で文章構成について解説したが，授業についても同じことがいえる．90分ならば90分の授業の構造を明確にし，学生が授業全体を把握しやすいようにすることが重要である．その際に活用すべき構造は，聞き手の談話構造の知識に沿った型，すなわち三段型である．一般的には，導入・展開・まとめであるが，私は展開の部分をも三部構成にすることを意識している．内容によっては二部構成や四部構成になることもあるが，マジカルナンバー3プラスマイナス1（75頁参照）の範囲内で構造化するようにしている．

　また，授業開始前に学生に授業の全体像を伝えることも大切である．今日の授業はどのような内容であり，授業全体がどのような構造になっているのかを示すのである．私は，A4判1枚の用紙に，授業に含まれる個々のパートの見出しだけ書いたものを配付している．本でいえば目次のようなものである．このような概要情報は，学生が授業内容を理解していくうえでの有効な足がかりとなり，理解が促進されることが知られている．こうした事前に提供する枠組み情報のことを先行オーガナイザーとよぶ．

2) 既知情報と新情報のバランス

　授業では，学生にとって新規な情報ばかりを提示するわけではない．学生がすでに知っている情報も織り込みながら，その中で新しい情報を話す必要がある．そして，そのバランスが重要である．学生は，自分が知っていることばかりだと退屈になるし，逆に，自分が知らない情報ばかりだと理解が追いつかなくなってしまう．既知情報を新情報の理解のための文脈になるように，授業を組み立てるのである．

　新情報と既知情報のバランスという点に関連して，私は，学生の心に生じる3つの「そう」を大切にしている．3つの「そう」とは，「そうなんだ」「そうだよね」「そういえば」の3つである．「そうなんだ」は，新たな発見・新たな知識の学習である．内容的には，教員が学生に知識として伝えたい情報であり，学生にとっては新情報になる．学生はそれを知って驚き，知的好奇心を揺さぶられる．「そうだよね」は，既知情報の受容とそれによって生ずる共感である．私たちは共感することで他者とのコミュニケーションがスムーズにいく．相手が投げかける情報を受け入れるための心の素地ができるのである．「そういえば」は，学生自身の個人的エピソードとの関連付けである．それによって学習内容を精緻化することができ，理解の深化につながる．私は，これら3つの「そう」が学生の心の中に生じるような授業づくりを心がけている．

3) 精緻化情報の提示

　私たちは，何かを学習する際には情報量が少ないほうが楽であり，理解も記憶も容易であると思いがちである．すなわち，余計な情報がないほうが学習しやすいという考え方である．しかし，それは必ずしも正しくない．一見余分な情報があることで，理解が容易になることも多い．なぜなら，そのような情報のおかげで学習内容を精緻化できるからである．

　精緻化の重要性については多くの研究が行われている．たとえば，スタインとブランスフォード（Stein & Bransford, 1979）は，実験参加者に以下のような複数の文を記憶させる実験を行った（文例は，西林（1994）より引用）．

◎ 10-1

・眠い男が水差しを持っていた．
・太った男が錠を買った．

　ここでは2つしか文の例を挙げていないが，このような文が10個も20個も
与えられると，どの男が何をしたのかがわからなくなってしまう．記憶テスト
ではどの男が何をしたか尋ねられるのだが，実験参加者の成績はあまり良くな
かった．一方，以下のような文を提示されたグループもあった．

◎ 10-1′
・眠い男がコーヒーメーカーに水を入れるために水差しを持っていた．
・太った男が冷蔵庫の扉にかける錠を買った．

　文は長くなったが，こちらのほうがわかりやすいし，記憶にも残りやすい．
実際，記憶テストの成績もこちらの文を読んだグループのほうが良かった．
　情報が少なければ少ないほど理解しやすいとは限らない．むしろ，学習内容
を十分に精緻化できるかどうかがカギなのである．学習者は，学習すべき内容
に加えて，それを精緻化する情報を受け取ることで，より豊かな状況モデル
（5.3.4項参照）を構築することができる．授業において，学生の理解を促進
するためには，十分な精緻化情報が必要であるといえる．

4)　イメージ情報や実物の提示

　イメージ情報が理解を促進することについては8.1.2項で述べた．ここでは
もう一つ別の例を示そう．

◎ 10-2
　ジョンとビルが湖でボートを浮かべていると，遠くにコーヒーの缶が浮いてい
るのが見えた．ビルは「あそこに行って拾ってみよう」と言った．そこにつくと，
ジョンがそれを拾い，中を見ながら「あれ，缶の中に石が入っている」と言った．
ビルは「ああ，誰かが缶をそこに浮かべておきたかったんじゃないかな」と言っ
た．
[Collins *et al.*, 1980]

　理解できたであろうか．腑に落ちない点があったに違いない．「缶の中に石
が入っているのに浮いている」という状況を理解できなかった人が多いだろ
う．しかし，石が入っているから浮くのである．そのことを頭の中でイメージ
できなければ，十分な理解に至らない．石が入った缶が浮いている状況とは，
図10.1（a）のようなものである．缶の底に小石が複数入っていて，それ以外
は空気である．底の小石がうまくバランスをとってくれるので，缶は立った状
態で浮く．

（a）文章の内容を示す図　　　　　（b）文章内容についての実演
図 10.1　理解を支援する方法（イメージ情報と実演）

しかし，このような図を示しても納得してくれない学生がいる．そのような学生のために，私は教室でこの状況を実演するのである（図 10.1（b））．ここまでやると，学生は目の前で生じている事象を目撃し，理解してくれる．リアルなモデルを見て，頭の中に状況モデルを構築できるようになる．文章だけで理解できなければ図を示す，それでも理解できないようなら実物を見せる．これが，理解を支援するための鉄則である．

10.1.3　学生のモチベーションを保つには

大学の 90 分という授業時間は長い．どうやって学生のモチベーションを保てばよいか悩んでいる教員も多いであろう．

1）興味を喚起する

学生のモチベーションを保つには，彼らの興味を喚起するような教材を用意することである．ここでは興味喚起のための 3 つのポイントを述べたい．

①**新奇性**　今まで見たことのない新奇なものは興味を喚起する．そもそも人間は新しい物が好きである．新製品が発売されたら（高価なものでなければ）とりあえず買ってみるという人もいるであろう．授業の冒頭で，学生が見たことのないものを提示して彼らの興味を喚起できれば，効果的な「つかみ」になる．

②**認知的葛藤**　8.2.4 項ではビジュアル表現で認知的葛藤を引き起こしてはいけないことを述べたが，授業においてそれを意図的に利用することは有効である．学生が当然のことだと思っていることとは異なる事実を提示すること

で，「えっ，本当？」と思わせるわけである．そのような心理状態になったとき，学生は認知的葛藤を解消しようと，集中して話を聞くようになる．

③小道具　授業の典型的なスタイルは，教室の中で，教員が学生に対して話すというものであろう．黒板またはスクリーンに情報が提示され，学生はノートをとる．資料が配付されることもある．そうしたありきたりな授業環境に小道具が登場すると，学生は「おっ」と反応する．小道具は何でもよい．通常の授業環境では登場しないものであればよい．とにかく驚かせることが重要なのだ．もちろん，それが授業内容と関連するに越したことはない．

2）メリハリをつける

講義形式の授業の場合，よほど面白い話の連続でない限り，学生はどうしても飽きてしまう．そうならないためにはメリハリをつけることが重要である．たとえば，授業のところどころに映像資料を挿入するだけでメリハリがつく．私は，比較的短い映像資料を複数用意し，学生のモチベーションが低下しそうな時間帯にそれを流すような工夫をしている．さらに，以下に述べるように，活動を取り入れることでメリハリをつけることも可能である．

3）活動を取り入れる

話を聞いているだけの授業では，学生は受け身になり，そのうち退屈になる．一方，自らなんらかの働きかけができる時間帯があれば，意欲的に授業と向き合うことができる．いわゆるアクティブラーニングの導入である．自分から働きかけることで変化が生じたり，結果が表れたりすると，学生は自己効力感を感じることができる．これがさらに意欲を高める．典型的な方法かもしれないが，クイズ形式，質問紙への回答と集計，グループワークなどは，いずれも学生参加型で，働きかけを重視した有効な方法である．

4）教員自身を語る

教員自身の考えや個人的エピソードは学生が知りたいことの1つである．授業内容に対して，その教員がどのような考えをもっているのか，どんな体験をしてきたのかなどは，他の先生の授業では決して聞くことができないものである．そうした内容が語られることによって，学生は今日の授業は面白かった，出席して良かったと感じるのではないだろうか．なお，本書においても，ところどころで私自身のことを語っている．

5) 終了時刻を厳守する

　私が数人の学生と一緒に，別の先生の授業を参観したときのことである．ある学生が，終了時刻を過ぎても話を止めなかった先生の授業に対して，「授業の最後や終了時刻を過ぎてからの話は，集中力が落ちて，説明されても頭に入ってこなかった」と話してくれた．学生は終了時刻に敏感である．教員にとっては話したいことが残っていて惜しいのであろうが，そこは割り切って，終了時刻を厳守すべきである．

10.1.4　非言語メッセージにも気を配る

　学生に伝わるのは授業内容だけではない．彼らは教員の気分や態度をも敏感に察知している．以下に示すのは，ある高等教育機関の報告書に載っていた，学生による授業評価の自由記述からの抜粋である．

◎ 10-3
・気分によって授業をするな
・感情的にならないで
・やる気が感じられない
・理解させる気がないように感じられる
・態度が悪い
・もっと自信をもって授業をして
・黒板に向かって授業をしないで

　授業はコミュニケーションである．日頃のことを思い出してみればわかるが，私たちは，他者とのコミュニケーションで相手の気持ちを考えながら，言葉を発したり受け取ったりしている．講義形式の授業は，教員から学生への一方向のコミュニケーションであるとはいえ，それでも学生は教員の言葉を受け止めると同時に教員の気持ちをも推察しているのである．

　他者の気持ちの推察において重要な手がかりとなるのが第2章で述べた非言語メッセージである．ジェスチャーや表情，視線，そしてパラ言語などから，学生は教員の気持ちを敏感に感じ取っている．授業に臨むにあたって教員は，自分の気持ちをコントロールするとともに，自身の非言語メッセージに対する配慮が必要である．

◉ 10.2　医療従事者の説明するコミュニケーション

つぎに，医療におけるコミュニケーションについて考えていこう．医療現場では，医療従事者は患者に対して病状や治療法について説明を行う．従来，患者は自身の治療について専門家である医療従事者に「お任せ」する傾向があったが，近年は患者が医療情報を積極的に求めるようになり，医療従事者と「ともに考える」医療に変化してきた．したがって，医療従事者から患者への説明は，きわめて重要なコミュニケーションになってきたといえる．なお，本節の内容は，医療従事者にとって有用なものではあるが，それ以外の人にとっても，自分とは異なる状態にある他者（知識が乏しかったり，不安を抱いていたりする人）に対して，心理的配慮を行いながら情報をわかりやすく伝え，意思決定を促すような場面で参考になるものである．

10.2.1　医療コミュニケーションの特徴

医療現場でのコミュニケーションは，一般的な対人コミュニケーションと比べて，以下のような特徴がある．

1）知識のギャップ

医療従事者と患者とでは，知識のギャップが大きい．したがって，医療従事者から患者へのコミュニケーションでは，患者側に十分な理解がもたらされない可能性がある．医療従事者には当たり前のことでも，患者は知識が不足しているためメッセージを十分に理解できないからである．もちろん医療従事者は知識のギャップを承知したうえで説明を行っている．しかしながら，医療従事者が患者の知識状態を正確に把握することは難しい．特に，私たち人間は自分が知識を得た後では，その知識をもっていなかったときの自分やそのような状態の他者のことを想像できなくなってしまうからである．これは知識の呪縛とよばれている現象である．

2）視点の違い

5.3.3項で，視点の違いによって文章の理解が異なってくることを解説した．このことは，医療場面では，医療従事者と患者の健康問題や病気のとらえ方の違いとして表れる．石川（2020）によれば，医療従事者は，医学的な専門知識

の枠組みに基づき，生物医学的な異常としての「疾患」に着目するのに対し，患者は，自分自身の生活の中での体験である「病」として問題をとらえる傾向があるという．さらに，患者側はその人の置かれた状況によってとらえ方が大きく異なる．たとえば同じ骨折であっても，事務職員，工事現場で働く労働者，大会前のスポーツ選手では，本人の心情や生活，周囲に与える影響はまったく異なるであろう．

3) リスク情報を含むコミュニケーション

医療従事者から患者へは，しばしばリスク情報を含むメッセージが伝えられる．人間のリスク認知にはさまざまな特徴がある．たとえば，パーセントよりも頻度のほうがリスクを大きく感じる傾向がある．リスクについて「20％」よりも「100人中20人」と伝えられるほうが危険性を感じやすい（Slovic, *et al.*, 2000）．また，微小確率は過大評価され，比較的大きい確率は過小評価される（Tversky & Kahneman, 1992）．「1％のリスク」といわれても実際には5％ほどに感じてしまうし，「99％安全」といわれても95％程度の安心感でしかない．さらに，情報の提示順によってリスク認知が変わることもある．「治療法の成功率は70％という．治療内容は○○．副作用による死亡率は1％である」よりも「治療の副作用で死に至る危険性は1％である．治療内容は○○．成功率は70％と高い」のほうが，治療法にリスクを感じる（山下，2009）．

4) 患者側の心理の影響

患者は自分の健康状態や病気に対して不安や苦痛を感じていることが多い．このことは患者の情報認知に影響を及ぼす可能性がある．人間の認知や判断は，ポジティブな気分ではポジティブになり，ネガティブな気分ではネガティブになることが知られている．この現象は気分一致効果とよばれている．不安状態にある人はそうでない人に比べて，曖昧な文の解釈がネガティブになりやすい（Eysenck *et al.*, 1991）．がんや事故死のようなネガティブな出来事が起こる確率を推定させると，ポジティブな気分ではそれが低く推定されるのに対して，ネガティブな気分では高く推定される（Johnson & Tversky, 1983）．

5) 患者側の意思決定を伴う

患者は医療の専門家ではないため，自分で治療法を考えたり，選んだりすることはできない．そのため，医師が患者の希望を聞きながら治療法を提案する

ことになる．医師はその医療措置について十分に説明を行い，患者はそれを理解したうえで同意する．これがインフォームド・コンセントである．ただし，同意するかどうかは患者の意思である．ここに患者側の意思決定が発生する．

　人間の意思決定はさまざまな要因の影響を受けることがわかっている．例をあげよう．あなたは手術を受けなければならないとしたら，「5 年後の生存率が 90％の手術」と「5 年以内の死亡率が 10％の手術」のどちらがよいであろうか．同じことを異なる表現で示しているだけであるが，多くの人は前者を選びたくなるのではないだろうか．人間の意思決定は表現の影響を受けやすい．これは情報がどのようなフレームで提示されるかが意思決定に影響を及ぼす現象であり，フレーミング効果とよばれている．また，選択肢が多すぎると選べなくなることもある．もし，医師から治療法を 10 個も提示され，この中から選べと言われたら，あなたは困ってしまうであろう．これは選択肢過多効果とよばれている．さらに，治療法の選択肢が 3 つ程度に絞られていたとしても不思議な傾向が表れる．それらのうちの極端を避け，中間の選択肢を選びやすくなる．これは妥協効果とよばれている．

10.2.2　わかりやすさと情緒的配慮

　医療コミュニケーションにおいては，医療従事者から伝えられる情報が患者にとってわかりやすいかどうかはきわめて重要である．加えて，不安を抱いている患者に対する情緒的な配慮も必要になる．

　この問題に対して，私は共同研究者とともにインフォームド・コンセント文書を用いた実験を行った（野呂・邑本，2009）．実験では，上述の 2 つの要因（わかりやすさと情緒的配慮）を操作した 4 種類の文書を作成し，大学生 216 名に読んでもらった．わかりにくい文書は，難解な漢字や専門用語を用い，文章のみで記述されていた．わかりやすい文書は，平易な表記で，見出しや箇条書きがあり，図も入っていた．情緒的配慮については，患者を安心させる記述，パートナー関係を示す記述，親身な態度を示す記述を，文書冒頭と末尾に加えたものと加えないものを用意した．大学生には患者の立場になって読んでもらい，その後，内容の理解度を調べる 16 問からなる問題への回答と，「わかりやすさ」「安心感」「満足度」などの評価（6 段階）を行ってもらった．

　実験の結果の一部を表10.1に示す．わかりやすい文書はわかりにくい文書に比べて，理解度，わかりやすさ評価，安心感が高かった．一方で，情緒的配慮に関しては，その記述をわかりにくい文書に加えた場合に，わかりやすさ評価や安心感評価が低くなった．これは，情緒的配慮の記述で患者への気遣いや親身な姿勢を示しているにもかかわらず，説明がわかりにくいことにより，患者への配慮が表面的なものではないかとの不信感につながり，評価がさらに下がったものと考えられる．患者への情緒的配慮は必要であるが，その前に説明のわかりやすさの改善が優先事項であることがわかる．

　つぎに，私たちの研究チームは，医師の口頭説明場面のビデオ映像を用いた実験を行った（野呂他，2012）．実験では，口頭説明のわかりやすさと医師の態度を操作した4種類のビデオ（1人の俳優が男性医師を演じた）を用意した．わかりにくい口頭説明は，専門用語を用いた難解な表現で，説明の全体像を示さず，情報も整理されていないものであった．わかりやすい口頭説明は，図を使用しながら平易で日常的な表現を用い，説明の全体像を示した後に詳細な説明をし，同種の情報をまとめて説明する工夫がなされていた．一方，医師の態度については，患者を気遣う言葉の有無や非言語的な態度（表情，視線，姿勢，動作，声質）によって，あたたかい態度のものと冷たい態度のものがあった．実験対象者は，若年層（29歳以下），中年層（30～59歳），高年層（60歳以上）それぞれ200名程度で，4種類のいずれかのビデオを視聴してもらい，「わかりやすさ」「安心感」などの6段階評価と，説明内容の理解度テストを実施した．

　結果の一部を図10.2に示す．わかりやすい説明は，患者の理解度を高め，安心感の評価を高めることがわかる．また，医師のあたたかい態度は，説明が

表10.1　説明文書のわかりやすさと情緒的配慮が患者に与える影響
（野呂・邑本，2009：結果の一部抜粋，列順を入れ替えて作成）

わかりやすさ	わかりやすい		わかりにくい	
情緒的配慮の記述	なし	あり	なし	あり
理解度（16点満点）	14.04	13.51	12.06	12.14
わかりやすさ評価	4.30	4.68	2.51	2.18
安心感評価	2.72	2.79	2.41	2.16

注）数値は平均値

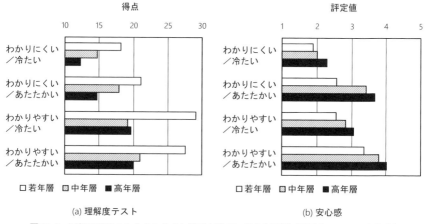

図 10.2　医師の説明のわかりやすさと態度が患者に与える影響（野呂他，2012 より作成）

わかりにくい場合に患者の理解度を上昇させ，説明の難易度にかかわらず安心感の評価を上昇させている．医師のあたたかい態度は，患者に良い影響を与え，たとえ説明が難しくてもそれを理解しようという気持ちを引き起こすようである．また，安心感に注目すると，若年層よりも中高年層で，あたたかさの効果が大きいことがわかる．中高年層は医師の態度に敏感に反応するのかもしれない．

　これら 2 つの研究において患者への情緒的配慮を比べると，インフォームド・コンセント文書の場合は配慮メッセージが言語のみであるのに対して，医師の口頭説明の場合はそれが言語と非言語の両方で送られている．言語チャネルによる配慮メッセージは，同じ言語チャネルで届く説明のわかりにくさとの対比によって混乱や不信感を引き起こし逆効果となるが，異なるチャネル（非言語チャネル）で送られてくる配慮メッセージは，2.1.2 項で述べたようにその影響力の強さゆえ，患者に確実に届いて，良い影響をもたらすのかもしれない（図 10.3）．医療従事者から患者への説明コミュニケーションにおいては，ビジュアル情報を提示しながらのわかりやすい説明に加え，言葉がけだけでなく非言語を交えた情緒的配慮を行うことが有効であるといえよう．

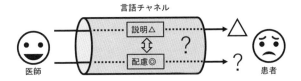

(a) 文書による難しい説明と情緒的配慮

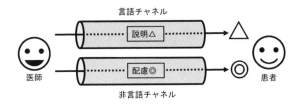

(b) 難しい口頭説明と態度による情緒的配慮

図 10.3 医師から患者への情緒的配慮の効果

◉ 10.3 災害時の避難を呼びかけるコミュニケーション

　日本では毎年のように自然災害が発生する．いつどこでどんな自然災害が起きるかわからない．もっとも，地震のような突発的に発生する災害は別として，水害，土砂災害，津波などは，事前に危険を知らせる情報が発表されることが多い．つまり，被災が予測される地域の住民は，避難のための時間的余裕がある．それにもかかわらず，災害時には必ずといっていいほど避難の遅れが生ずる．本節では，災害時に避難を呼びかけるコミュニケーションのあり方について考えてみたい．災害時に自分や他者の命を守るために，誰もが知っておいてほしい内容である．

10.3.1 災害時の認知バイアス

　なぜ災害時に避難行動が遅れてしまうのであろうか．それは，私たちが災害リスクを知らせる情報を，自分にとって都合がよいようにバイアスをかけて受け止める傾向があるからである．情報そのものを無視することさえある．その結果，リスクが過小評価され，迅速な避難行動が起きにくい．以下では，災害発生時に特有な認知のバイアスについて解説する．

①**正常性バイアス**　私たちは，少々変わったことが起きてもそれを異常だとは思わない傾向がある．これくらいは普通の範囲内だと思いたいのである．これは正常性バイアス（または正常化の偏見）とよばれている．今，あなたが学校の教室にいるとして，突然，火災報知器が鳴り出したら，あなたはすぐに避難するだろうか．「何かの間違いでは」とか「検査でもしているのだろう」などと思い，避難しない人が多いのではないだろうか．火災報知機が鳴ったという事実を，非常事態ととらえずに，普段の生活の範囲内での出来事ととらえてしまうのである．実際，災害時には警報や避難を促す情報を見聞きしても，正常性バイアスによって，避難が遅れてしまうケースが多く生じている．

②**楽観主義バイアス**　私たちは自分自身の将来に楽観的なところがある．災害が予想される場合でも，決して自分が被災するとは思わない．「自分だけは大丈夫」の心理である．これは楽観主義バイアスとよばれている．被災者から「まさか自分の住んでいる地域が……」という言葉を聞くことがあるが，これは楽観主義バイアスを典型的に表している．なお最近では，楽観主義バイアスも含めて，災害時のリスク過小傾向全般を「正常性バイアス」ということが多くなっている．

③**確証バイアス**　いったん自分は大丈夫だと思ってしまうと，私たちは自分の考えをサポートしてくれる証拠を探そうとする．そして，自分の考えとは異なる証拠は無視する傾向が生じる．これは確証バイアスとよばれている．たとえば，「前回，警報が出たけれど，たいしたことはなかったから」「ハザードマップではここは浸水危険区域でないから」「昔からこの地域には津波は来ないといわれているから」「あの防潮堤があるから」などと，自分の「大丈夫だ」という考えを補強する思考パターンが発生する．

④**集団同調性バイアス**　物事の判断を行う際に，自分ではどうすべきかわからないことがある．そのようなとき，私たちは他者に合わせることが多い．他者の様子を見て，他者と同じ行動をとることで安心するのである．これは集団同調性バイアスとよばれている．「近所の人が避難しないから自分も避難しない」とか，避難所で「他の人が家に戻るなら自分も戻る」とか，人間は他者に合わせて行動したがる生き物である．しかし，過去の災害ではそうした判断や行動が悲劇を生むこともあった．

こうやって見てくると，人間はなぜバイアスをかけて認知してしまうのか不思議に思われるかもしれない．認知バイアスなんてなければよいのにと思った人もいるかもしれない．しかし，認知バイアスは，普段の生活の中では私たちに心理的安定をもたらしてくれる重要な役割を果たしている．正常性バイアスがなければ，私たちは日常のわずかな異変をいちいち気にかけて，おびえていなければならない．楽観主義バイアスがなければ「自分はきっとひどい目に合う，不幸になる」と暗い気持ちで生活し続けなければならない．したがって，普段の生活において認知バイアスは決して悪者ではない．ところが，災害時にはそれがかえってあだとなり，避難の遅れにつながってしまうのである．

10.3.2 危険スイッチが入る瞬間

被災の可能性を過小評価していた人であっても，本当に危険が目の前に迫ってきたときには，頭の中で危険のスイッチが入る．何がスイッチを押してくれるのであろうか．

まず，環境における明らかな異変は危険スイッチを押してくれる．「目の前に真っ黒な津波が見えた」「扉を開けると水が入ってきた」のように，異変を目の当たりにすると，危険だと判断せざるをえなくなる．しかしながら，そうなったときには手遅れになっている場合も少なくない．

つぎに，他者からの声がけによって危険スイッチが入ることもある．家族など身近な人から危険を伝えられ，強く避難を勧められると人は動く．いざというときに声をかけてくれる人がいるかどうかがきわめて重要である．

また，情報を多方面から得ることで危険スイッチが入る場合もある．私が行った研究（邑本，2012）では，避難情報の入手ルート数が多ければ多いほど避難率が高まることが明らかになっている．テレビから流れる避難情報だけでは行動を起こさないが，屋外スピーカーから避難情報が聞こえ，避難を呼びかける広報車が回ってきて，さらに町内会から連絡があり，知人からは逃げたほうがよいと言われたというように，多くの方向から情報が入ってくると人間は避難をしようと思うのである．日頃から，家族や友人知人はもちろん，隣近所や地域とのつながりを深めて人間同士のネットワークを作っておくべきであろう．

10.3.3　他者を動かすために

　他者に避難を呼びかける場合には，その声がけの仕方に留意する必要がある．危険を感じていない人に対しては，緊急事態であることがはっきりと伝わるように工夫しなければならない．

　東日本大震災の際に，茨城県大洗町では，防災行政無線放送で「緊急避難命令，緊急避難命令」「大至急，高台に避難せよ」といった命令調の呼びかけが用いられた．緊迫感のある放送をするためにはそのような言い方が効果的と考えた町長の判断であった．それによって住民たちは「初めて聞く放送だ．ただ事ではない」「きわどい放送だ．普通ではない」と感じて，高台に避難したとのことである（井上，2011）．危険を伝えるためには，現在が平常時とは異なることが明確にわかるように，言語表現を工夫し，感情をこめて切迫感を出し，命令口調で伝えることが必要である．

　また，集団同調性バイアスをうまく利用することも 1 つである．東日本大震災の際に，岩手県釜石市の鵜住居地区にある釜石東中学校の生徒たちは，地震後，「津波が来るぞ」と叫びながら指定されていた避難所へ，さらにその先の高台へと走った．いつも一緒に避難訓練を重ねていた鵜住居小学校の児童たちも中学生の後に続いた．すると，子どもたちが避難する様子を見て地域の住民までも避難行動をとったのである（片田，2012）．これは，実際の行動を他者に示して伝える非言語コミュニケーションになっている．

　以上のように，災害時に他者を動かすためには，もちろん言語によるコミュニケーションも必要だが，それに加えて，表情やパラ言語で切迫感を伝え，自らが避難する行動を示して，緊急事態であることをわからせるような働きかけを行うことが望まれる．

文　献

Collins, A. *et al.* (1980) Inference in text understanding, In R. J. Spiro *et al.* (Eds.), *Theoretical Issues in Reading Comprehension* (pp.385-410), Hillsdale, NJ: Erlbaum

Eysenck, M. W. *et al.* (1991) Bias in interpretation of ambiguous sentences related to threat in anxiety, *Journal of Abnormal Psychology*, **100**, 144-150

井上裕之（2011）大洗町はなぜ「避難せよ」と呼びかけたのか―東日本大震災で防災行政無線に使われた呼びかけ表現の事例報告，放送研究と調査，9 月号，日本放送出版協会

石川ひろの（2020）『保健医療専門職のためのヘルスコミュニケーション学入門』，大修館書店

Johnson, E. J., & Tversky, A. (1983) Affect, generalization, and the perception of risk, *Journal of Personality and Social Psychology*, 45, 20-31

片田敏孝（2012）『人が死なない防災』，集英社

邑本俊亮（2012）災害情報リテラシー ── 2010 年チリ地震津波時の大津波警報に対する仙台市住民の認知と行動から，東北大学大学院情報科学研究科情報リテラシー教育プログラム 編，情報リテラシー研究論叢，1，134-152

西林克彦（1994）『間違いだらけの学習論──なぜ勉強が身につかないか』，新曜社

野呂幾久子・邑本俊亮（2009）インフォームド・コンセント説明文書のわかりやすさと情緒的配慮の記述が患者アウトカムに与える影響──大学生を対象とした調査，日本保健医療行動科学会年報，24，102-116

野呂幾久子 他（2012）インフォームド・コンセント口頭説明場面における医師の説明表現および態度が患者に与える影響──一般市民を対象としたビデオ視聴による調査，認知心理学研究，10，81-93

Slovic, P. *et al.* (2000) Violence risk assessment and risk communication: The effects of using actual cases, providing instruction, and employing probability versus frequency formats, *Law and Human Behavior*, 24, 271-296

Stein, B. S., & Bransford, J. D. (1979) Constraints on effective elaboration: Effects of precision and subject generation, *Journal of Verbal Learning and Verbal Behavior*, 18, 769-777

Tversky, A., & Kahneman, D. (1992) Advances in prospect theory: Cumulative representation of uncertainty, *Journal of Risk and Uncertainty*, 5, 297-323

山下武志（2009）『心が動けば医療も動く!? ──医師と患者の治療選択』，メディカル・サイエンス・インターナショナル

第11章 より良いコミュニケーションのために

　本書では，言葉とコミュニケーションについて，多種多様な観点から解説してきた．この最終章では，いまや私たちにとって必要不可欠なものとなったインターネット上のコミュニケーションに触れた後，あらためて人間同士のコミュニケーションで大切なことは何かを考え，全体のまとめとしたい．

◉ 11.1　ネット社会のコミュニケーション

11.1.1　ネットコミュニケーションで起きやすい誤解

　インターネットの急速な発展とともに，インターネットを介したコミュニケーションが当たり前となった．2020年からのコロナ禍もさらにそれを後押しした．便利にはなったが難しさも出てきている．図11.1は，LINE（ネット上の通信アプリ）での誤解例である．複数の学生がこの種の誤解を経験したと述べている．対面であれば，表情や声の調子などの非言語メッセージから，このような誤解はほとんど起きないであろう．

11.1.2　ネットコミュニケーションの種類と特徴

　ネットコミュニケーションは非常に多様化しており，たとえば画像や動画などを投稿して共有するタイプのコミュニケーションもあるが，以下ではおもに参加者同士が同等の環境でメッセージを送受信するコミュニケーションを考えよう．メッセージの種類によって，以下の3種類に大別できる．

　①**文字コミュニケーション**　電子メールや文字主体のSNSが当てはまる．前項で述べたように，非言語メッセージがほとんど存在しないため，相手の意図や感情が読み取りにくく，誤解が生じやすい．応答の即時性がないこともデメリットとして挙げられる．半面，メッセージが残るので，何度でも読み返せる点はメリットである．

　②**音声コミュニケーション**　通話アプリを使ったコミュニケーションであ

図 11.1 LINE 上での誤解

る．従来の電話に相当する．パラ言語が使え，応答の即時性もあるので，文字によるコミュニケーションの欠点を補っている．しかし，録音しないとメッセージはその場で消えてしまう．

③ビデオコミュニケーション　テレビ会議システムを用いたコミュニケーションである．相手の表情が見え，音声によるコミュニケーションよりも，さらに非言語メッセージが多い．ただし，対面に比べると相手の表情の変化はわかりにくい．また，若干のタイムラグが生じることがあるため，会話しづらい経験をしたことがある人も多いであろう．

11.1.3　それでも対面にはかなわない

ネットコミュニケーションは，私たちの生活のかなりの部分を占め，そこでは多くの情報のやり取りがなされている．私たちはネットコミュニケーションで自分の情報を発信することができるし，他者から多くの情報を得ることがで

きる．オンラインビデオ会議では，あたかも対面でコミュニケーションをとれているかのように感じられる．しかしそれでも，直接対面のコミュニケーションにはかなわない．

クールら（Kuhl *et al.*, 2003）は，第二言語の音韻習得において，音声や映像だけでは不十分であり，発話者と直接対面した場合にのみ学習効果があることを報告している．彼女らは，直接対面において存在する社会的・環境的な手がかりが学習者の注意をひき，学習を動機付けるのではないかと論じている．私たちの研究チームによる震災の語り部さんのお話を聞いてもらう実験（佐藤他，2019）でも，対面で話を聞いた実験参加者は，対面せずに話を聞いた実験参加者（映像を見る，音声を聞く，テキストを読む）よりも，8か月後にお話の内容を多く覚えていた．震災を体験した「本人」と直接対面することで，聞き手には，場の雰囲気，臨場感などさまざまな社会的・環境的手がかりが提供され，語りを聞く動機付けにつながり，さらにはそれらが，8か月後に語りを思い出すときの手がかりとして有効に機能した可能性がある．

私たちは，場所を選ばないネットコミュニケーションのメリットを享受しつつ，対面コミュニケーションの力の強さを認識して，他者とのコミュニケーションを図りたいものである．以下では，他者とかかわり，コミュニケーションをとる際に気をつけておきたいことを考えていきたい．

◉ 11.2　もののとらえ方は一通りではない

11.2.1　わかっていても錯覚は起こる

錯覚という現象がある．図11.2で，左右の線分の長さが同じであるのはどれだろうか．ものさしなどを使わずに判断してほしい．

これはミューラーリアーの錯視図形とよばれているものである．正解は（a）である．決してそうは見えないかもしれないが，（a）が左右同じ長さなのである．図11.3はいかがであろうか．縦の太線の長さは，実はどちらも同じなのである．

わかっていても錯覚は起こる．あなたの心が，外界の情報の物理的特徴を正しくとらえていない証拠である．

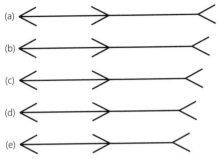

図 11.2　左右の線分の長さが同じものはどれか？

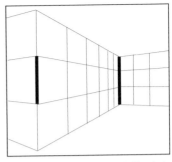

図 11.3　縦の太線はどちらが長いか？

11.2.2　心理状態が認知に影響する

　人間は心の状態によって事物の認知が変わることがある．たとえば欲求という心理状態を考えてみよう．おなかが空いて食欲が強まっている際には，目にする食べ物がどれもおいしそうに見える．しかし，食事をした後は同じ食べ物を見てもそれほどでもない．食欲の強さによって食べ物の見え方が変わるのである．おなかが空いた状態で食料を買いに行かないほうがよいかもしれない．どれもおいしそうに見えて，つい買いすぎてしまうからである．

　感情も認知に影響する．たとえば，1時間という時間の感覚は，楽しければ短く感じるし，退屈であれば長く感じる．授業を受けていてそう感じることはないであろうか．また，相手に対する愛情は，その人の欠点を欠点に感じさせない．あばたもえくぼである．さらに，10.2.1項で解説したように，自分の気分と一致した方向に認知がゆがむことがある（気分一致効果）．相手から言われた同じ一言でも，自分の気分の良いときには肯定的に受け取ることができるが，気分が悪いときにはそれを悪くとってしまうことがある．

　極度に緊張した状態では，周囲の様子がよく見えなくなるし，覚えているはずのことが思い出せなくなる．人前で発表する際にそのような経験をしたことがある人も多いだろう．また，注意を一点集中させている心理状態では，注意の向いた先の対象は見えているものの，その周囲の情報を見落としがちになる．冷静な心理状態とは異なる認知が生じるわけである．このように，心理状態が変化すれば認知も変わる．

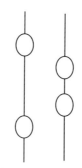

図11.4　これは何か？（Hanson, 1958 を参考に作成）

11.2.3　そう言われればそう思えてくる

図11.4 は何に見えるだろうか．

「お団子」と答える人は多い．おなかが空いているとそう答えやすいかもしれない．上述した欲求の影響である．「2つのメガネ」と答える人もいる．「そろばん」「納豆が糸を引いている」などの答えも出てくる．しかし，私が用意した答えがある．それを聞くと，あなたもそう見えるはずである．実は，これは動物の「クマ」である．そう見えないであろうか．では，もう少し詳しく説明しよう．これは「木に登っているクマ」なのである．1 本の木があって，クマが向こう側でよじ登っている．おそらく多くの人がそう見えてきたであろう．言われるまで気がつかないが，そう言われればそう思えてくるのである．

自分のもののとらえ方が唯一絶対に正しいとは限らない．異なる見え方，異なるとらえ方，異なる考え方の存在を受け入れよう．たとえ自分には思いもよらない考え方であっても，たとえ自分には受け入れがたいとらえ方であっても，相手にはそのように見えているのかもしれない．それを頭ごなしに否定してはいけない．コミュニケーションは相手を受け入れることから始まる．

◉ 11.3　信頼関係がコミュニケーションを支える

11.3.1　何気ない一言が相手を傷つける

「そんなことを言ったら相手が傷つくでしょう」「そんな言葉を使ってはいけません」．大人は子どもに対して言いがちである．確かに，良くない言葉遣いというのはある．しかし，何気なく言った一言が相手を傷つけてしまうことも

ある。反対に、何気ない言葉が相手を勇気づけることだってある。良い言葉と悪い言葉を区別して、それを教えることにどれだけ意味があるだろうか。

　言葉を理解するのは、言葉を受け取る人の心である。受け手が自分の心を働かせて言葉を理解してくれている。したがって、受け手がどのように受け止めるかによって言葉の意味や価値は変わってくる。言葉を発した人が言葉の意味を決めているのではない。

　医師で作家の鎌田實さんは、NHK のテレビ番組「課外授業　ようこそ先輩」（2007 年 11 月 10 日）で、小学生に向けて授業をし、自身の勤務している病院での診察において、ある患者とのコミュニケーションでの失敗談を次のように紹介している。

◎ 11-1
　40 代のがんの末期の患者さんに、診察をした後、僕はいつもの口癖を言いました。「がんばってください」。すると、その患者さんは涙をぽろぽろ流しました。僕はなぜ患者さんを泣かせてしまったのかわかりませんでした。すると患者さんはこう言いました。「先生、がんばってがんばって、今まで来ました。先生、もうこれ以上がんばれません」。

　「がんばれ」は一般的に相手を励ます言葉である。しかしながら、いかなる人に対しても励ましの言葉になるとは限らない。上記の例のように、相手を傷つけてしまうことがあるのである。何気ない言葉が相手を傷つける。それは、相手の状況や気持ちを意識しないで言葉を使ってしまうからである。

11.3.2　平凡な一言で思いが届く

　その一方で、平凡な言葉であっても相手に強い思いやメッセージが届くこともある。図 11.5 に示すメールを読んでほしい。

　このメールは、NTT ドコモが 2002 年から 2014 年まで毎年実施していた「愛のあるメール大賞」で、第 5 回（2006 年）に、準グランプリとなったメールである。一読しても、どんな点が優れているのか、よくわからないかもしれない。恥ずかしがり屋の「瑞夏」さんが送ってきた告白のメッセージであるかのようだが、ごくありふれたメッセージのように思われる。しかし、このメールの背景には、あるエピソードが存在している。それを知ると、このメールが

とても素晴らしい，愛のこもったメッセージであることがわかるのである．以下に，エピソードを示そう．

◎ 11-2 エピソード

これは2年前事故で首から下の自由がきかなくなり，言葉も喋れなくなった彼女から貰ったメールです．病院で友人の携帯を借り，口にくわえたペンで必死にボタンを押しながら僕に送ってくれたそうです．これが届いた瞬間，僕は泣き崩れました．今も身体と発声の障がいは残ってますが，毎日一生懸命リハビリしています．僕は彼女から直接その言葉を聞けた時に結婚しようと決めています．

[ⅰのあるメール大賞，2008]

いかがであろうか．瑞夏さんの愛のこもった心からのメッセージであることが理解できる．どうしてあなたは，最初にこのメールを読んだときに平凡なメッセージとしか思わなかったのが，いまや素晴らしい愛のあふれるメッセージだと感じることができたのであろうか．それは，このメールを受け取った「僕」の気持ちになったからである．瑞夏さんのことをよく知っていて，瑞夏さんのいまの状態をよくわかっていて，瑞夏さんの気持ちをよく理解している，そんな「僕」の心になれたからである．

言葉は，お互いに理解し合って，信頼関係のある人間同士の間では，きわめて強い力を発揮する．平凡な言葉でも非常に強く深い思いが伝わる．2人の間の共通基盤のもとで，相手のことを思いやって，言葉を送るからである．しかし，信頼関係のない人間同士の間では，言葉は誤解を引き起こしたり，相手を傷つけたりする．相手のことを考えずに自分勝手に言葉を使うせいである．

現代はインターネットが普及した情報化社会である．相手と顔を合わさずとも，言葉を送ってコミュニケーションができる．しかし，そのような時代であ

受信メール
Subject：「瑞夏だよ」

今はこんな形でしか伝えられないけど、いつかきっとあなたに直接伝えたい。私はあなたを心から愛しています。

図11.5　愛のあふれるメール（ⅰのあるメール大賞，2008より）

るからこそ，コミュニケーションを支えてくれるのはお互いの信頼関係であることを再確認してもらいたい．

　私たちは，人生の節目節目で，新しい環境で新たな人に出会う．どんな環境に入ろうとも，あなたの周りには人がいて，その人たちとコミュニケーションをとることになる．そのとき，その人たちとの間で，しっかりとした人間関係を築くことが大切である．それが，あなたのコミュニケーション力を高める重要な第一歩になるであろう．そして，相手のことを思いやって言葉を使うことの大切さを忘れないでほしい．言葉は相手のためにある．コミュニケーションは受け手が主役なのである．

文　献

Hanson, N. R. (1958) *Patterns of Discovery: An Inquiry into the Conceptual Foundations of Science*, Cambridge: Cambridge University Press（村上陽一郎 訳 (1971)『科学理論はいかにして生まれるか—事実から原理へ—』，講談社

i のあるメール大賞 編（2008）『54通の愛のメール』，角川書店

Kuhl, P. K. *et al*. (2003) Foreign-language experience in infancy: Effects of short-term exposure and social interaction on phonetic learning, *Proceedings of the National Academy of Sciences of the United States of America*, **100**, 9096-9101

佐藤翔輔 他 (2019) 震災体験の「語り」が生理・心理・記憶に及ぼす影響—語り部本人・弟子・映像・音声・テキストの違いに着目した実験的研究，地域安全学会論文集，**35**，115-124

索　引

著者略歴

むら もと とし あき
邑 本 俊 亮

1961 年　富山県に生まれる
1992 年　北海道大学大学院文学研究科博士後期課程単位取得退学
現　在　東北大学災害科学国際研究所教授
　　　　博士（行動科学）

〔主な著書〕
『文章理解についての認知心理学的研究―記憶と要約に関する実験と理解過程
　のモデル化』（風間書房，1998 年）
『認知心理学―知性のメカニズムの探究』培風館，2011 年（共著）
『言語心理学入門―言語力を育てる』培風館，2012 年（分担執筆）
『心理学の神話をめぐって―信じる心と見抜く心』誠信書房，2017 年（共編）
『教師のための防災学習帳』朝倉書店，2021 年（分担執筆）

言葉とコミュニケーション
　　　―心理学を日常に活かす―　　　　　　　　　定価はカバーに表示

2022 年 11 月 1 日　初版第 1 刷

　　　　　　　　　　　　　著　者　邑　本　俊　亮
　　　　　　　　　　　　　発行者　朝　倉　誠　造
　　　　　　　　　　　　　発行所　株式会社　朝　倉　書　店
　　　　　　　　　　　　　　　　　東京都新宿区新小川町 6-29
　　　　　　　　　　　　　　　　　郵 便 番 号　162-8707
　　　　　　　　　　　　　　　　　電　話　03（3260）0141
　　　　　　　　　　　　　　　　　F A X　03（3260）0180
〈検印省略〉　　　　　　　　　　　　https://www.asakura.co.jp

　　　　　　　　　　　　　　　　　　　　　　教文堂・渡辺製本
© 2022 〈無断複写・転載を禁ず〉

ISBN 978-4-254-52033-0　C 3011　　　　　Printcd in Japan

明星大 柴崎光世・長崎県立大 橋本優花里編

手を動かしながら学ぶ 神経心理学

52030-9 C3011　　　　A 5 判 176頁 本体2800円

イメージのつきにくい神経心理学を，動画やWeb
プログラム等のデジタル付録を参照して能動的に
学べる入門書。〔内容〕神経心理学の基礎／脳の損
傷に伴う高次脳機能障害／発達の過程で生じる高
次脳機能障害／高次脳機能障害の評価と支援

澤 幸祐編

手を動かしながら学ぶ 学習心理学

52032-3 C3011　　　　A 5 判 136頁 本体2600円

教育・技能獲得や臨床現場などでも広く応用され
る学習心理学を，デジタルコンテンツを参照しな
がら能動的に学べる入門書。〔内容〕学習とは何か
／馴化と脱馴化／古典的条件づけ／道具的条件づ
け／選択行動／臨床応用／機械学習

立命館大 北岡明佳著

イラストレイテッド 錯視のしくみ

10290-1 C3040　　　　B 5 判 128頁 本体2900円

オールカラーで錯視を楽しみ，しくみを理解する。
自分で作品をつくる参考に。〔内容〕赤くないのに
赤く見えるイチゴ／ムンカー錯視／並置混色／静
脈が青く見える／色の補完／おどるハート／フレー
ザー・ウィルコックス錯視ほか

前筑波大 海保博之監修　創造開発研 高橋　誠編
朝倉実践心理学講座 4

発 想 と 企 画 の 心 理 学

52684-4 C3311　　　　A 5 判 208頁 本体3400円

現代社会の多様な分野で求められている創造技法
を解説。〔内容〕I. 発想のメカニズムとシステム
（大脳・問題解決手順・観察・セレンディピティ）
／II. 企画のメソッドと心理学（集団心理学・評
価・文章心理学・説得・創造支援システム）

前筑波大 海保博之監修　筑波大 松井　豊編
朝倉実践心理学講座 8

対人関係と恋愛・友情の心理学

52688-2 C3311　　　　A 5 判 200頁 本体3400円

基礎理論・生じる問題・問題解決の方法・訓練を
論じる。〔内容〕I. 対人関係全般（ストレス，コーピ
ングなど）／II. 恋愛（理論，感情，スキルなど）／
III. 友情（サークル集団など）／IV. 組織（対人関係
力，メンタリングなど）

高橋麻奈著

入門テクニカルライティング

10195-9 C3040　　　　A 5 判 176頁 本体2600円

「理科系」の文章はどう書けばいいのか？ベストセ
ラー・ライターがそのテクニックをやさしく伝授
〔内容〕テクニカルライティングに挑戦／「モノ」を
解説する／文章を構成する／自分の技術をまとめ
る／読者の技術を意識する／イラスト／推敲／他

タイケン学園 柴岡信一郎・前城西短大 渋井二三男著

プレゼンテーション概論
―実践と活用のために―

10257-4 C3040　　　　A 5 判 164頁 本体2700円

プレゼンテーションの基礎をやさしく解説した教
科書。分かりやすい伝え方・見せ方，PowerPoint
を利用したスライドの作り方など，実践的な内容
を重視した構成。大学初年度向。〔内容〕プレゼン
テーションの基礎理論／スライドの作り方／他

京大 青谷正妥著

英　語　学　習　論
―スピーキングと総合力―

10260-4 C3040　　　　A 5 判 180頁 本体2300円

応用言語学・脳科学の知見を踏まえ，大人のため
の英語学習法の理論と実践を解説する。英語学習
者・英語教師必読の書。〔内容〕英語運用力の本質
と学習戦略／結果を出した学習法／言語の進化と
脳科学から見た「話す・聞く」の優位性

農工大 畠山雄二編

英 語 上 達 40 レ ッ ス ン
―言語学から見た 4 技能の伸ばし方―

51065-2 C3082　　　　A 5 判 200頁 本体2800円

英語の四技能「読む・書く・聞く・話す」を効果的
に・理論的に上達させるための40レッスン。〔内容〕
英語とはどういう言語なのか／読解力を支える文
法／調べて書く／母音と子音を正しく聞き取る／
スピーキングの効果的な学習／他

宮教大 小田隆史編著

教師のための防災学習帳

50033-2 C3037　　　　B 5 判 112頁 本体2500円

教育学部生・現職教員のための防災教育書。〔内容〕
学校防災の基礎と意義／避難訓練／ハザードの種
別と地形理解，災害リスク／情報を活かす／災害
と人間のこころ／地球規模課題としての災害と国
際的戦略／家庭・地域／防災授業／語り継ぎ